Duden

Einfach klasse in

Deutsch

Wissen • Üben • Können

2., aktualisierte Auflage

3. Klasse

Dudenverlag
Mannheim • Zürich

Die Rechtschreibung in diesem Buch folgt im Falle von Schreibvarianten den Empfehlungen von Duden – Die deutsche Rechtschreibung (25. Auflage).

Beratungsangebot für Eltern und Lehrer (kostenpflichtig):
Die **Duden-Sprachberatung** beantwortet Fragen zu Rechtschreibung, Grammatik, Zeichensetzung u. Ä.
montags bis freitags zwischen 08:00 und 18:00 Uhr.
Aus Deutschland: **09001 870098** (1,86 € pro Minute aus dem Festnetz)
Aus Österreich: **0900 844144** (1,80 € pro Minute aus dem Festnetz)
Aus der Schweiz: **0900 383360** (3,13 CHF pro Minute aus dem Festnetz)
Die Tarife für Anrufe aus den Mobilfunknetzen können davon abweichen.

Bibliografische Information der Deutschen Nationalbibliothek
Die Deutsche Nationalbibliothek verzeichnet diese Publikation in der Deutschen Nationalbibliografie; detaillierte bibliografische Daten sind im Internet über http://dnb.d-nb.de abrufbar.

Redaktionelle Leitung: Grischa Zimmermann
Redaktion: Salomé Dick
Autorinnen: Ulrike Holzwarth-Raether, Angelika Neidthardt, Annette Raether und Anne Rendtorff-Roßnagel

Herstellerische Leitung: Ursula Fürst
Layout: Petra Bachmann, Weinheim
Illustration: Barbara Scholz und Jürgen Rieckhoff
Umschlaggestaltung: Wohlgemuth Partners, Hamburg
Satz und Herstellung: Petra Bachmann, Weinheim
Druck und Bindung: Heenemann GmbH & Co. KG
Bessemerstraße 83–91, 12103 Berlin

Printed in Germany
ISBN 978-3-411-72672-1

In diesem Buch findest du die wichtigsten Inhalte des Deutschunterrichts in der 3. Klasse. Es ist in vier große Kapitel aufgeteilt. Du erkennst sie an den kleinen Bildern in der Kopfzeile:

Sprache untersuchen

Richtig schreiben

Texte schreiben

Lesen

Die Kinder auf diesen kleinen Bildern begleiten dich durch den ganzen Band. Sie zeigen dir, dass es beim Lernen nicht viel anders zugeht als im Sport. Wer eine Sportart richtig gut beherrschen will, muss die wichtigsten Techniken und Spielregeln kennen, üben und trainieren. Schnell wirst du merken, dass du Fortschritte machst und dir immer mehr gelingt. Darauf kannst du dann sehr stolz sein.

Wenn du alle **Übungsaufgaben** einer Doppelseite gelöst und mit dem **Lösungsheft** überprüft hast, kannst du das **Daumenkino**-Bild am rechten Seitenrand ausmalen. So behältst du immer den Überblick darüber, welche Seiten du schon bearbeitet hast.

Wissen
Üben
Können

Beim Training unterstützen dich das **Lernwerkzeug** auf der hinteren Ausklappseite und die Liste der wichtigsten **Fachbegriffe,** die du im Anhang findest.

Außerdem findest du das wichtigste Regelwissen zum Wiederholen und schnellen Nachlesen noch einmal als **Leporello** für die Hosentasche.

Inhaltsverzeichnis

Inhaltsverzeichnis

Texte schreiben

Erzählungen

Sachtexte

Briefe

Lesen

Bilder und Zeichen lesen

Genau lesen

Informationen entnehmen

Texte verstehen

Arbeitstipps

Der Arbeitsplatz

- Suche dir einen ruhigen Arbeitsplatz.
- Achte auf gutes Licht und frische Luft.
- Stelle dir etwas zu trinken bereit.
- Sorge für einen aufgeräumten Arbeitsplatz.
- Lege deine Arbeitsmaterialien bereit.

Die Arbeitsweise

- Finde deine beste Übungszeit heraus.
- Übe regelmäßig.
- Suche dir aus, was du üben willst.
- Teile dir den Übungsstoff gut ein: nicht zu viel und nicht zu wenig.
- Gehe gut gelaunt ans Üben.
- Arbeite konzentriert.
- Vergiss die Pausen nicht.
- Überprüfe deine Ergebnisse.
- Freue dich über deinen Erfolg.
- Zeige anderen, was du geleistet hast.

Sprache untersuchen

- Ein Merkheft für Fachbegriffe anlegen
- Spiele zu Wortarten erfinden (Bingo, Lotto, Quartett)
- Wörter sammeln und nach Wortarten ordnen
- Steckbriefe zu Wortarten schreiben
- Schreibspiele zu Satzgliedern erfinden:
  Wer? Tut was? Wo? Wie? Wann?
- Merksätze reimen: **keit**, **heit** und **ung**
  bringen die Nomen in Schwung.

Richtig schreiben

- Silbenrätsel herstellen
- Zeichen für Rechtschreibstrategien erfinden (verlängern, Grundform bilden, Wortfamilie suchen, Großschreibung)
- ein Merkwörterheft anlegen
- eine Fehlerkartei oder ein Fehlerheft anlegen
- Nachschlagspiele erfinden

Texte schreiben

- Nachrichten auf Zettel schreiben
- Wunsch- und Einkaufsliste schreiben
- Briefe, Postkarten und E-Mails schreiben
- ein Tagebuch führen
- ein Geschichtenheft anlegen
- an Schreibwettbewerben teilnehmen
- Artikel an die Kinderseite der Zeitung schreiben
- treffende Wörter nachschlagen

Lesen

- feste Lese- und Vorlesezeiten einrichten
- alles Mögliche lesen: Zeichen, Schaubilder, Karten, Fahrpläne, Gebrauchsanweisungen, Zeitungen, Zeitschriften ...
- einen Leseausweis besorgen und Bücher ausleihen
- sich in einer Buchhandlung beraten lassen
- Steckbriefe zu Büchern schreiben
- an Lesewettbewerben teilnehmen
- ein Lesetagebuch führen

Nomen erkennen

Wissen und Verstehen

Nomen (Namenwörter oder Substantive) bezeichnen Lebewesen und Gegenstände, Gefühle, Gedanken und Zustände.

das Kind   der Bär   die Blume
die Freude   der Mut   die Zukunft

Nomen können mit dem bestimmten oder unbestimmten Artikel (Begleiter) verbunden werden. Sie kommen in der Einzahl (Singular) und in der Mehrzahl (Plural) vor.

der Ball   **ein** Ball   **viele** Bälle

Üben

1 Setze die passenden Nomen mit dem bestimmten oder unbestimmten Artikel ein. Unterstreiche alle Nomen, die Gefühle, Gedanken oder Zustände beschreiben.

das Paket | die Aufregung | der Hund | die Angst | die Idee | der Streit | der Kaktus | der Mut | der Schreck

Leo bekommt ein Paket ✓.

Der Hund gehört Leo. ✓

Lisa und Leo haben eine gute Idee ✓.

Der Streit ✓ mit Lisa macht Leo traurig.

Leo bewundert den Mut ✓ seiner Freundin.

Die Angst ✓ saß Leo im Nacken.

Lisa gießt den Kaktus ✓.

Lisa bekommt einen Schreck ✓

Die Aufregung der beiden war riesengroß. ✓

ben 2 Markiere alle Nomen. Überprüfe mit der Artikelprobe.

ALARM

AMSELN SINGEN BESONDERS GERNE. AM ABEND SITZEN SIE OFT AUF HOHEN BÄUMEN ODER AUF DÄCHERN UND ZWITSCHERN DIE SCHÖNSTEN LIEDER. ABER WEHE, WENN SIE JUNGE HABEN. DANN GEHT DER LÄRM LOS. DIE AUFGEREGTEN AMSELELTERN VERTEIDIGEN GEMEINSAM IHRE BRUT GEGEN ALLE FEINDE. WENN DIE JUNGEN FLÜGGE SIND, VERLASSEN AUCH DIE ELTERN DAS NEST UND ES KEHRT WIEDER RUHE EIN.

ben 3 Ergänze die Mehrzahl. Was fällt dir auf?

der Baum	– die Bäume	das Obst	–
die Freundin	– die Freundinnen	der Lärm	–
die Amsel	– die Amseln	das Glück	–
die Ruhe	–	das Nest	– die Nester
der Zucker	–	das Lied	– die Lieder
der Tisch	– die Tische	der Mut	–

Mir fällt auf, dass es bei einigen Nomen keine Mehrzahl gibt

Nomen-Rätsel Extrarunde

Es gibt Nomen, die nur in der Einzahl vorkommen: das Obst, der Lärm.
Kennst du auch Nomen, die nur in der Mehrzahl vorkommen?

Die Wortbausteine heit, keit, nis, ung

Wissen und Verstehen

An den Wortbausteinen **heit**, **keit**, **nis**, **ung** kannst du Nomen erkennen.
Du kannst Nomen aus Verben oder Adjektiven bilden.

schön – **die** Schön**heit** fröhlich – **die** Fröhlich**keit**
geheim – **das** Geheim**nis** heizen – **die** Heiz**ung**

Üben

Bilde Nomen mit den Wortbausteinen **heit**, **keit**, **nis**, **ung**. Trage sie mit Artikel ein.

erinnern traurig rechnen berühmt heizen wahr
wagen bitter dankbar sauber krank geheim
dumm finster
wohnen
erleben

Zusammengesetzte Nomen

Wissen und Verstehen

Zusammengesetzte Nomen bestehen aus einem Grundwort und einem Bestimmungswort. Das erste Wort, das Bestimmungswort, beschreibt das Grundwort näher.

die Schule die Tasche → die Schultasche

Das Bestimmungswort kann ein Nomen, ein Adjektiv oder ein Verb sein.

die Handtasche der Buntstift das Fahrrad

Üben 1

Bilde zusammengesetzte Nomen und schreibe sie auf.

die Nudel | der Auflauf | die Suppe | das Gericht | das Sieb | fahren | der Stil

die Karte | der Gast | die Bahn | hoch | das Haus | der Sprung | das Wasser

der Nudelauflauf ....

....

....

....

....

....

Üben 2

Welche Wortarten stecken in den zusammengesetzten Nomen? Trage ein: Nomen mit **N**, Verben mit **V** und Adjektive mit **A**.

die Gießkanne	– V + N	die Knollennase	– ....
das Schnellboot	–	die Taucherbrille	– ....
die Waschmaschine	–	der Buntspecht	– ....
die Festplatte	–	der Teppichboden	– ....

Pronomen: ich, du, er, sie, es ...

Wissen und Verstehen

Ich, **du**, **er**, **sie**, **es**, **wir**, **ihr**, **sie** sind Wörter, die für ein Nomen eingesetzt werden können. Sie heißen Pronomen (Fürwörter).

Opa schläft. **Er** schnarcht laut.

Laura und ich tuscheln. **Wir** haben uns viel zu erzählen.

Die Spannung war groß. **Sie** wuchs von Minute zu Minute.

Üben 1

Welches Pronomen passt? Verbinde die Sätze.

Du sprichst von dir selbst.	**Sie** fängt gerade eine Fliege.
Du bittest deinen Nachbar um einen Stift.	**Wir** sind ein tolles Team.
Du bewunderst Timo.	Wisst **ihr**, wo es langgeht?
Du beobachtest eine Spinne.	**Ich** bin stark.
Du tröstest das Baby.	Kannst **du** mir einen Stift leihen?
Du bist stolz auf dich und deine Freundin.	**Sie** sind lästig.
Du fragst zwei Jungen nach dem Weg.	**Er** hat eine neue Frisur.
Du ärgerst dich über die Mücken.	**Es** schreit lauthals.

Üben 2

Setze die passenden Pronomen ein.

Patrick und Pia sitzen vor dem Fernseher. Sie sehen sich ein Fußballspiel an. Patrick ist aufgeregt. Er kann nicht still sitzen. Pia ist cool. Sie macht ständig kluge Bemerkungen. Plötzlich ein Foul! Er war völlig unnötig! Beim Elfmeter schließlich wird auch Pia nervös. Sie hält sich die Augen zu. Hält der Torwart? Er hat gehalten. Die Kinder springen auf. Sie tanzen einen Freudentanz.

Wissen und Verstehen

Es gibt auch Pronomen, die anzeigen, wem etwas gehört. Sie stehen oft vor einem Nomen.

mein Buch **deine** Schwester **sein** Auto **ihre** Tasche
unser Freund **euer** Garten **ihre** Kleider

Üben

Schreibe auf, wem was gehört.

Das ist sein Fußball. ✓
Das sind ihre Schläger. ✓
Das ist meine Bademütze. ✓
Das ist ihr Sattel. ✓
Das ist meine Brille. ✓
Das sind seine Stutzen. ✓

Das sind ihre Stiefel. ✓
Das ist ihr Helm. ✓
Das sind seine Schuhe. ✓
Das ist mein Badeanzug. ✓
Das ist ihr Netz. ✓
Das ist ihr Tischtennisball. ✓

Die vier Fälle des Nomens

Wissen und Verstehen

Nomen können ihre Form verändern, je nachdem, wie du sie im Satz benutzt.
Sie kommen in vier verschiedenen Fällen vor. Nach den vier Fällen fragst du so:

1. Fall: **Der Hund** bellt.	Frage: Wer?
2. Fall: Der Futternapf **des Hundes** ist leer.	Frage: Wessen?
3. Fall: Ich gebe **dem Hund** einen Stock.	Frage: Wem?
4. Fall: Ich mag **den Hund**.	Frage: Wen?

Üben 1

Wie heißt das Tier? Setze den Tiernamen mit Artikel ein.

Obwohl .... das größte Landtier ist, ist er ein Leisetreter. Die Ohren und Stoßzähne .... afrikanischen .... sind größer als die des indischen.
.... kann man beibringen, schwere Lasten zu heben. Man nennt .... auch Dickhäuter, obwohl seine Haut sehr empfindlich ist. Es ist ein ....

Üben 2

Beantworte die Fragen.

Wer ist das größte Landtier?	___ _________
Wessen Ohren sind groß?	die Ohren ___ ____________
Wem kann man etwas beibringen?	___ ___________
Wen nennt man Dickhäuter?	___ ___________

4-Fälle-Rätsel — Extrarunde

Denke dir selbst ein 4-Fälle-Rätsel aus.

Können Bist du fit?

Kannst du die Merkmale von Nomen erkennen?

die Katze ◯ | Freude ◯ | ein Buch ◯ | die Stühle ◯

ein Geheimnis ◯ | mein Zeugnis ◯ | die Überraschung ◯

Gesundheit ◯ | sein Zimmer ◯ | ihr Glück ◯

das Obst ◯ | mein Freund ◯ | die Bienen ◯

Kinder ◯

ihre Hefte ◯ | die Aufregung ◯ | das Mehl ◯

ein Fest ◯ | Fröhlichkeit ◯ | viele Leute ◯

Überlege:

- Kann ich mit dem Wort ein Lebewesen oder einen Gegenstand bezeichnen? (1)
- Kann ich mit dem Wort ein Gefühl bezeichnen? (2)
- Kann ich das Wort mit einem bestimmten oder unbestimmten Artikel verbinden? (3)
- Gibt es das Wort in der Einzahl und in der Mehrzahl? (4)
- Endet das Wort mit dem Wortbaustein **heit**, **keit**, **nis** oder **ung**? (5)
- Kann ich **mein**, **sein**, **ihr** mit dem Wort verbinden? (6)

Untersuche jedes einzelne Nomen auf der Trainingskarte. Wähle bei jedem Wort nur **ein** passendes Merkmal aus und trage die Nummer ein.

Adjektive erkennen

Wissen und Verstehen

Mit Adjektiven (Wiewörtern) kannst du genau beschreiben, wie etwas aussieht, sein kann oder wie man etwas tut.

Mein **großer** Bruder gibt an. Das Buch ist **spannend**. Sie rennt **schnell**.

Üben 1

Male den Kopf so genau wie möglich.

Gesichtsform: rund
Augen: schmal und blau
Augenbrauen: buschig
Haare: rot und lockig
Nase: lang und breit
Hautfarbe: rosig
Ohren: klein und abstehend
Hals: lang und dünn

Üben 2

Nomen und Verben kannst du mit Adjektiven genauer beschreiben. Welche Adjektive passen zu dem Nomen **Schuhe**? Welche passen zu dem Verb **singen**? Male in unterschiedlichen Farben an.

Die Schuhe sind …

Der Sänger singt …

schrill rein schnell falsch neu schmal groß schmutzig

hoch alt eng

tief leise spitz sauber laut weit

Mit Adjektiven vergleichen

issen und Verstehen

Mit Adjektiven kannst du Lebewesen, Dinge und Tätigkeiten miteinander vergleichen.
Es gibt drei Vergleichsstufen: die Grundstufe, die 1. Vergleichsstufe und die 2. Vergleichsstufe.

Lisa rennt so **schnell** wie Jan. Sie rennt **schneller** als Tim.
Maxi rennt **am schnellsten**.

ben 1

Vergleiche die Tiere und Dinge miteinander.
Streiche die falschen Aussagen durch.

Die Blindschleiche 	ist so lang wie ist länger als ist kürzer als	der Regenwurm. 
Ein Sturm	ist stärker als ist schwächer als ist so stark wie	ein Windhauch.
Der Kirchturm	ist höher als ist niedriger als ist so hoch wie 	das Hochhaus.
Holz	ist weicher als ist so hart wie ist härter als	Stein.
Der Gepard 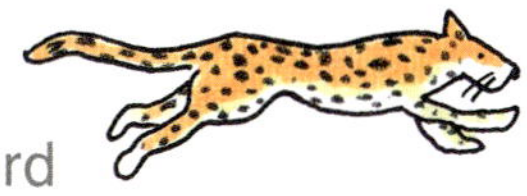	ist so schnell wie ist schneller als ist langsamer als	der Löwe. 
Die Zeitung	ist dünner als ist so dünn wie ist dicker als	das Buch.

Ich bin .... als ....

Mit Adjektiven vergleichen

Üben 2 Ergänze die Tabelle.

Grundstufe	1. Vergleichsstufe	2. Vergleichsstufe
		am frechsten
	süßer	
schön		
	dünner	
groß		
		am liebsten
		am besten
viel		

Üben 3 Beantworte die Fragen und kreuze die richtige Antwort an.

Wer ist am langsamsten?	☐ die Schnecke	☐ die Spinne	☐ die Ameise
Was ist am weichsten?	☐ der Apfel	☐ die Banane	☐ die Ananas
Was ist am lautesten?	☐ der Bach	☐ der Fluss	☐ der Wasserfall
Was ist am schnellsten?	☐ der Zug	☐ die Rakete	☐ das Flugzeug
Wer ist am kleinsten?	☐ der Adler	☐ die Möwe	☐ die Amsel
Was ist am breitesten?	☐ die Autobahn	☐ der Weg	☐ die Straße

Für schlaue Köpfe

Extrarunde

Weißt du das? Was ist schwerer: ein Kilo Eisen oder ein Kilo Federn?

Wissen und Verstehen

An den nachgestellten Wortbausteinen **ig**, **lich**, **isch** kannst du Adjektive erkennen.

san**dig** pünkt**lich** neid**isch**

Adjektive können von Nomen oder Verben abgeleitet werden.

der Sand – sand**ig** lesen – leser**lich** der Neid – neid**isch**

Üben

1 Verbinde jedes Nomen mit dem verwandten Adjektiv. Kreise die nachgestellten Wortbausteine ein und kennzeichne die Anfangsbuchstaben.

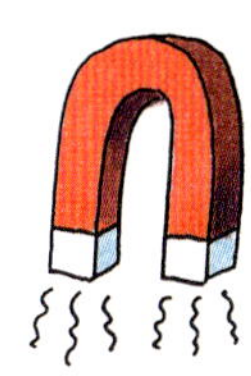

der Durst	glücklich
der Sturm	gelenkig
der Punkt	menschlich
der Grund	eisig
das Gelenk	durstig
das Glück	pünktlich
der Fels	stürmisch
das Quadrat	magnetisch
der Mensch	gründlich
das Eis	täglich
der Tag	felsig
der Magnet	quadratisch

Länder-Rätsel

Extrarunde

Adjektive, die von Ländernamen abgeleitet werden, enden oft mit dem gleichen Wortbaustein: Türkei – türk... Kennst du noch mehr Beispiele?

Adjektive ableiten

Üben 2 Welche Verben sind mit diesen Adjektiven verwandt? Trage sie ein.

leserlich	kommt von	lesen
kuschelig	kommt von	....
erfinderisch	kommt von	....
ärgerlich	kommt von	....
spielerisch	kommt von	....
weinerlich	kommt von	....
klapprig	kommt von	....
malerisch	kommt von	....
wohnlich	kommt von	....
kämpferisch	kommt von	....
zappelig	kommt von	....
rutschig	kommt von	....
lächerlich	kommt von	....

Üben 3 Untersuche jedes Adjektiv. Wenn es mit einem Nomen verwandt ist, trage **N** ein, bei einem Verb **V**.

einäugig N	fleckig	sterblich	beweglich
väterlich	zerbrechlich	klebrig	kindisch
salzig	vergesslich	kratzig	neidisch

Wissen und Verstehen

Mit Verben (Tunwörtern, Tuwörtern) kannst du ausdrücken, wer etwas tut und was geschieht.

ich spiele   du schläfst   es regnet

Jedes Verb hat eine Grundform und verschiedene Personalformen.

spielen   ich spiele   er spielt   sie spielen

Üben 1

Suche zu jeder Grundform die passenden Personalformen. Markiere sie in der gleichen Farbe.

sie singt	**spielen**	er schreibt	ihr spielt
es klingelt	es regnet	**donnern**	**gehen**
wir gehen	sie geht	ich schreibe	**singen**
ihr singt	du klingelst	du gehst	ihr schreibt
wir spielen	**regnen**	du spielst	ich singe
klingeln	es donnert	**schreiben**	er klingelt

Üben 2

Setze die passende Personalform ein.

Aylin .... (kommen) heute in die neue Klasse. Sie .... (kennen) noch niemanden. Die Kinder .... (gucken) neugierig. Sie .... (begrüßen) ihre neue Mitschülerin mit ihrem Klassenrap. Ich .... (zeigen) Aylin ihren Platz. Dort .... (liegen) schon ihre Schulbücher. In der Pause .... (rufen) alle durcheinander: „.......................... (spielen) du mit?“

Zeitformen des Verbs

Wissen und Verstehen

An der Form des Verbs kannst du erkennen, in welcher Zeitstufe erzählt wird: in der Vergangenheit, Gegenwart oder Zukunft.

Gestern turnte ich. Ich turne gerade. Morgen werde ich turnen.

Üben

1 Folge nur den Verben in der Vergangenheit. Markiere sie.

An welchem römischen Gebäude endet dein Weg durch das Labyrinth? Kreuze an.

(grün) ☐ (rot) ☐ (lila) ☒

ben 2 Welcher Satz passt zu der **Gegenwart**, der **Vergangenheit** und der **Zukunft**? Kreuze an.

Vor langer Zeit

- [x] Columbus entdeckte die neue Welt.
- [ ] Columbus entdeckt die neue Welt.
- [ ] Columbus wird die neue Welt entdecken.

Bald

- [ ] Die Ferien beginnen.
- [x] Die Ferien werden beginnen.
- [ ] Die Ferien begannen.

Im Augenblick

- [x] Ich bade im Fluss.
- [ ] Ich badete im Fluss
- [ ] Ich werde im Fluss baden.

Damals

- [ ] Ich werde Comics lesen.
- [ ] Ich lese Comics.
- [x] Ich las Comics.

Jetzt gerade

- [ ] Sie wird wegfahren.
- [ ] Sie fuhr weg.
- [x] Sie fährt weg.

Demnächst

- [x] Meine Freunde werden kommen.
- [ ] Meine Freunde kommen.
- [ ] Meine Freunde kamen.

Letzte Woche

- [ ] Oma wird uns besuchen.
- [x] Oma besuchte uns.
- [ ] Oma besucht uns.

Übermorgen

- [ ] Ich gehe ins Kino.
- [x] Ich werde ins Kino gehen.
- [ ] Ich ging ins Kino.

Den Wortstamm erkennen

Wissen und Verstehen

Verben haben einen Wortstamm und verschiedene Endungen.
Die Endung hängt von der Person ab, die etwas tut.

ich lieb**e** du lieb**st** wir lieb**ten**

Bei manchen Verben verändert sich der Vokal (Selbstlaut) im Wortstamm.

ich w**e**rfe du w**i**rfst sie w**a**rfen

Üben 1

Markiere den Wortstamm und die Endungen mit verschiedenen Farben.

Ich spiel e.
Du spiel st.
Wir spiel en.
Ihr spiel t.

Der Fußballer spiel t Fußball.
Die Sportlerin spiel t.
Das Mädchen spiel t.
Die Kinder spiel en mit.
Spiel st du mit?
Er spiel t.

Üben 2

Untersuche die Verbformen und trenne die Endungen vom Wortstamm ab.

Ich lach|e.
Timo lacht.
Die Zuschauer lachen.
Lilli lacht laut.
Warum lachst du?
Wir lachten über den Witz.
Lacht doch mal wieder!
Das Baby lacht mich an.

Der Wortstamm verändert sich

Üben 3 Ergänze auf jeder Karte die Grundform des Verbs. Markiere den Wortstamm.

er fuhr
wir fahren
du fährst
fahren ....

ich schlafe
er schlief
du schläfst
....

ich finde
du fandest
wir fanden
....

sie sieht
wir sehen
ich sah
....

du wirfst
sie warfen
ich werfe
....

er fällt
du fielst
ihr fallt
....

wir liefen
sie läuft
ich laufe
....

ich gebe
er gab
du gibst
....

wir tragen
du trägst
sie trugen
....

Üben 4 Im Wortstamm dieser Verben ändert sich der Vokal oder der Doppellaut. Markiere sie.

ich schlaf e	sie schlief en	du schläf st
er ruf t	wir rief en	du ruf st
ich halt e	du hält st	sie hielt en
wir seh en	er sieh t	sie sah en
du läuf st	wir lief en	ich lauf e

Verben mit vorangestellten Wortbausteinen

Wissen und Verstehen

Viele Verben werden mit vorangestellten Wortbausteinen gebildet. Dadurch kann sich ihre Bedeutung verändern.

stellen **um**stellen **ab**stellen **aus**stellen **auf**stellen

Üben 1

Welcher Wortbaustein passt? Wähle aus und trage ein.

vor ab be ein auf ver

Du kannst den Text bei mir ____ schreiben.

Er muss sich in die Warteliste ____ schreiben.

Das lass ich mir nicht ____ schreiben!

Kannst du mir deine Handynummer ____ schreiben?

Ich kann dir den Weg genau ____ schreiben.

Der Arzt soll dir einen Hustensaft ____ schreiben.

Üben 2

Untersuche jedes Verb. Trage den vorangestellten Wortbaustein (WB), den Wortstamm (WS) und die Endung (E) der Grundform ein.

	WB	WS	E		WB	WS	E
überlegen	über	leg	en	anstellen			
weggehen				einarbeiten			
aufziehen				auslachen			
anpacken				abschneiden			

Können Bist du fit?

Kannst du die Wortarten an ihren Wortbausteinen erkennen?

WOHNUNG ER WOHNTE SÄUBERLICH HEIMLICH KRÄNKLICH

VERSCWENDEN BENEIDEN WOHNLICH SAUBERKEIT

SIE ERKRANKTE GEHEIMNIS FREUDIG VERSCHWENDERISCH

DU BENEIDEST IHN VERHEIMLICHEN ICH FREUE MICH

VERSCHWENDUNG ER SÄUBERT KRANKHEIT

Überlege:

Erkenne ich am Ende des Wortes einen Wortbaustein?

- bei **Nomen**: **heit**, **keit**, **ung**, **nis**
- bei **Adjektiven**: **ig**, **lich**, **isch**
- bei **Verben** in der Grundform: **en**
- bei **Verben** in der Personalform: **e**, **st**, **t**, **te**

Erkenne ich den **Wortstamm** des Wortes?

Untersuche jedes Wort auf der Trainingskarte. Trenne alle Wortbausteine ab. Markiere den Wortstamm.

Wie viele **Nomen** hast du gefunden?

Wie viele **Adjektive** hast du gefunden?

Wie viele **Verben** hast du gefunden?

Satzarten und Satzzeichen

Wissen und Verstehen

Mit einem Satz kannst du verschiedene Absichten ausdrücken.
Es gibt Aussagesätze, Fragesätze und Ausrufesätze. Die Satzarten haben unterschiedliche Satzzeichen.

Ich gehe spielen. Kommst du mit**?** Na klar**!** Super**!**

Üben

Mit welcher Absicht werden die Sätze gesprochen?
Schreibe auf, um welche Satzart es sich handelt. Trage die Satzzeichen ein.

Sina räumt ihr Zimmer auf	.	Aussagesatz
Räumt Sina ihr Zimmer auf		....
Oh, Sina räumt ihr Zimmer auf		....
Ist Sinas Zimmer aufgeräumt		....
Ich freu mich auf Tante Lilli		....
Tante Lilli kommt zu Besuch		....
Super, Tante Lilli kommt zu Besuch		....
Wann kommt Tante Lilli zu Besuch		....

Für schlaue Köpfe — Extrarunde

Aufforderungen können mit einem Ausrufezeichen versehen werden, wenn du etwas sehr bestimmt und nachdrücklich sagst.
Bei welchem Satz setzt du einen Punkt, bei welchem ein Ausrufezeichen?
Emma, putz dir die Zähne
Emma, putz dir jetzt endlich die Zähne

Wissen und Verstehen

Wenn in einem Text jemand etwas sagt, steht das in der wörtlichen Rede.
Du erkennst sie an den Anführungszeichen (Gänsefüßchen).

Tim flüstert: „Ich höre ein Geräusch."

Der Begleitsatz steht entweder vor, zwischen oder nach der wörtlichen Rede.

„Ich höre ein Geräusch", flüstert Tim.

„Ich höre ein Geräusch", flüstert Tim, „lass uns verschwinden."

Üben 1

Unterstreiche die wörtliche Rede und den Begleitsatz unterschiedlich.

Paul schlägt vor: „Lass uns zum Sportplatz gehen."

„Ja, das ist eine gute Idee", antwortet Caro.

„Ich hole schnell einen Ball", ruft Caro, „damit wir gleich losfahren können."

„Wann musst du wieder zu Hause sein?", fragt Paul.

„Ziemlich früh", mault Caro, „weil ich noch Putzis Käfig sauber machen muss."

„Dann müssen wir jetzt los!", drängelt Paul.

Üben 2

Wo steht der Begleitsatz? Vorne, in der Mitte oder hinten?
Kreuze an.

	←	↓	→
Roberto fragt: „Wer hat das Tor geschossen?"	X		
„Ich habe gewonnen", freut sich Alissa.			
„Pass auf!", ruft Max.			
„Ich finde", sagte Finn, „Kinder brauchen mehr Rechte!"			
Marie erzählt: „Gestern flog uns ein Vogel zu."			
„Lies mir vor", bettelt Benni, „damit ich einschlafen kann."			

Das Subjekt

Wissen und Verstehen

Ein Satz besteht aus mindestens zwei Satzgliedern, dem Subjekt (Satzgegenstand) und dem Prädikat (Satzkern).

Die Vögel (Subjekt) fliegen (Prädikat).

Nach dem Subjekt fragst du: **Wer** oder **was**?

Nach dem Prädikat fragst du: Was **tut** jemand?

Üben

1 Sieh dir das Bild an. Finde heraus, wer etwas tut. Trage das passende Subjekt ein.

Die Frau	liest.		träumt.
	kommt.		fliegt.
	hüpft.		bremst.
	schnüffelt.		scheint.
	ziehen.		blinkt.

Das Prädikat

ben 2 Schau dir noch einmal das Bild auf Seite 30 an. Frage nach dem Prädikat: Was tut jemand? Trage das passende Prädikat ein.

Die Frau	liest.	Die Sonne	______.
Der Bus	______.	Der Junge	______.
Das Mädchen	______.	Der Vogel	______.
Der Hund	______.	Die Ampel	______.
Ein Auto	______.	Die Wolken	______.

ben 3 Frage in jedem Satz nach dem Subjekt und dem Prädikat. Trage sie ein.

Das Baby weint. Der Torwart hält. Suse reitet. Meine Oma kocht.

Eltern nerven. Es regnet. Ich träume. Sie lesen. Der Winter kommt.

Tom hat gespielt. Alle frieren. Er schlief ein.

Subjekt	Prädikat	Subjekt	Prädikat
Das Baby	weint.		.
	.		.
	.		.
	.		.
	.		.
	.		.

Satzergänzungen

Wissen und Verstehen

Sätze können aus mehr als zwei Satzgliedern bestehen. Du kannst sie durch Satzergänzungen erweitern.
Nach den Ergänzungen kannst du mit **Wen?** oder **Wem?** fragen.

Ich esse. Ich esse **einen Apfel**. Ich gebe **meinem Freund** einen Apfel.

Üben 1

Verbinde jeden Satz mit einer passenden Ergänzung. Frage immer **Wen?**.

Die Löwin	reißt	eine Maus.
Der Storch	fängt	ein Kaninchen.
Das Kätzchen	schlabbert	einen Frosch.
Die Schlange	erwürgt	einen Knochen.
Der Maulwurf	frisst	eine Gazelle.
Die Katze	fängt	einen Regenwurm.
Der Hund	zerbeißt	seine Milch.

Üben 2

Unterstreiche die Satzergänzungen. Frage immer **Wem?**.

40 000 Menschen schauen dem Fußballspiel zu. Die Fans vertrauen ihrer Mannschaft. Der Linienrichter hilft dem Schiedsrichter. Der Stürmer entwischt dem Verteidiger. Der Trainer ruft dem Kapitän etwas zu. Der Reporter traut seinen Augen nicht. Der Trainer dankt den Spielern. Der Präsident gratuliert den Gewinnern. Der Pokal gehört der besseren Mannschaft.

Können Bist du fit?

Kannst du Satzglieder bestimmen?

Tim schwimmt.

Wilma und Fred tauchen.

Vater kocht Lasagne.

Der Bademeister pfeift.

Ich lese ein Buch.

Meine Freundin füttert die Enten.

Sie spielt einen Walzer.

Die Kappe gehört meinem großen Bruder.

Der Hund gehorcht seinem Herrchen.

Die Mannschaft feiert den Pokalsieg.

Überlege:

- Nach dem **Subjekt** frage ich: **Wer?** oder **Was?**.
- Nach dem **Prädikat** frage ich: **Was tut jemand?** oder **Was geschieht?**.
- Nach den **Satzergänzungen** frage ich: **Wen?** oder **Wem?**.

Untersuche die Sätze auf der Trainingskarte.
Bestimme mit den Fragen die Satzglieder. Unterstreiche **Subjekt**, **Prädikat** und **Satzergänzungen** mit den entsprechenden Farben.

Denke dir einen Satz mit zwei **Satzergänzungen** aus:

wer?	tut was?	wem?	wen oder was?

Ich schenke ....

Nomen erkennen

Wissen und Verstehen

Nomen werden großgeschrieben. Sie bezeichnen Lebewesen, Gegenstände, Gefühle und Zustände. Merkmale von Nomen sind:

der bestimmte und unbestimmte Artikel der die das ein eine

Einzahl und Mehrzahl ein viele

die nachgestellten Wortbausteine heit keit ung

Auch Eigennamen sind Nomen. Lilo Herr Maier die Zugspitze

Üben

Suche die Nomen heraus. Schreibe sie auf und begründe, woran du sie erkennst.

HEIZUNG LISE HÜNDISCH VIELE BÄUME BAUEN EINE MAUS MÜDE
KRANKHEIT MÜDIGKEIT WARTEN KRANK DER POLIZIST FRANKFURT

Heizung	Merkmal	Wortbaustein: ung
	Merkmal	
	Merkmal	
	Merkmal	
	Merkmal	
	Merkmal	
	Merkmal	
	Merkmal	

Namen untersuchen — Extrarunde

Es gibt nicht nur Eigennamen für Personen. Sammle Eigennamen für Flüsse, Städte und Meere. Welche Namen werden ohne Artikel gebraucht?

Die Wortbausteine nis, in

Wissen und Verstehen

Die Wortbausteine **nis** und **in** am Ende eines Wortes kennzeichnen ein Nomen.
In der Mehrzahl verändern sich diese Bausteine.

das Zeug**nis** – die Zeug**nisse**
die Ärzt**in** – die Ärzt**innen**

Üben 1

Schreibe die Nomen in der Mehrzahl auf. Markiere den Wortbaustein auch in der Mehrzahl.

das Geheim	nis			das Zeug	nis	
die Geheim	nis	se		die		
das Erleb	nis			das Hinder	nis	
die				die		
das Gefäng	nis			das Bedürf	nis	
die				die		
das Verzeich	nis			das Geständ	nis	
die				die		

Üben 2

Schreibe die weibliche Berufsbezeichnung in der Einzahl und in der Mehrzahl auf.

der Arzt	die Ärztin	die Ärztinnen
der Pilot		
der Lehrer		
der Gärtner		
der Manager		
der Kanzler		

Satzanfänge und Anredepronomen

Wissen und Verstehen

Satzanfänge und Überschriften werden am Anfang großgeschrieben.

Gefunden! **G**estern hat es geregnet.

Die Höflichkeitsanrede in einem Brief wird immer großgeschrieben.

Liebe Frau Lenz, wie geht es **Ihnen**? Hoffentlich werden **Sie** bald wieder gesund.

Üben

Lies den Brief an die kranke Klassenlehrerin. Welche Wörter müssen großgeschrieben werden? Markiere die Fehler und korrigiere sie.

liebe frau lenz,

gestern waren wir mit der klasse auf dem bauernhof. leider mussten wir ohne sie fahren. es war aber trotzdem ganz toll. die kuh berta hatte vorgestern zwillinge geboren. die aufregung können sie sich gar nicht vorstellen! wir durften die kälbchen ansehen. leise schlichen wir in den stall. wir streichelten sie vorsichtig. ihre nasen waren ganz weich. wir nannten sie max und moritz. bauer maier gab den babys milch aus einer nuckelflasche.

wir wünschen ihnen gute besserung.

viele grüße, ihre klasse 3b

Extrarunde

Briefgeheimnis?

Bei Personen, die du duzt, benutzt du die Anredepronomen du oder dein. Diese Anreden kannst du in Briefen groß- oder kleinschreiben. Kennst du noch andere Anredepronomen für Freunde, Tanten, Opas oder Kusinen?

Bist du fit?

Kannst du die Regeln der Großschreibung anwenden?

verkauft (1)

heute ist flohmarkt. viele kinder (2) verkaufen bücher, spiele und kleidung (3). auch lisa (4) und tom haben einen stand (5) aufgebaut. die kinder stehen den ganzen nachmittag am stand. allmählich drücken lisas neue schuhe. sie zieht sie aus und stellt sie neben den stand. sie hat durst (6) und hunger. auf einer bank isst sie ein brot. sie kommt zurück und sucht ihre schuhe. oh, so eine gemeinheit (7)! tom hat ihre schuhe verkauft. jetzt (8) muss sie mit mamas alten sandalen nach hause gehen.

Überlege:

- Ist es eine Überschrift? **A**
- Ist es das erste Wort im Satz? **B**
- Ist das Wort ein Eigenname? **C**
- Ist das Wort ein Nomen? **D**

Korrigiere alle Wörter auf der Trainingskarte, die großgeschrieben werden müssen.
Überprüfe die Wörter mit einer Nummer.
Welche Überlegungen wurden bei diesen Fehlern nicht beachtet? Kreise ein.

Fehler 1	➔	A	B	C	D
Fehler 2	➔	A	B	C	D
Fehler 3	➔	A	B	C	D
Fehler 4	➔	A	B	C	D
Fehler 5	➔	A	B	C	D
Fehler 6	➔	A	B	C	D
Fehler 7	➔	A	B	C	D
Fehler 8	➔	A	B	C	D

b, d, g im Auslaut

Wissen und Verstehen

b und **p**, **d** und **t**, **g** und **k** klingen im Auslaut gleich.

der Kor**b** – plum**p** der Ber**g** – das Wer**k** run**d** – bun**t**

Wenn du das Wort verlängerst, kannst du den Laut so hören, wie du ihn schreiben musst. Nomen kannst du mit der Mehrzahl verlängern, Adjektive mit ihrer 1. Vergleichsstufe.

der Korb – die Kör **be** der Berg – die Ber **ge** mild – mil **der**

Üben

Verlängere die Nomen und Adjektive.

der Zwerg → Ich bilde die Mehrzahl → die Zwer ge

die Burg → Ich bilde die Mehrzahl → die ....

das Rad → Ich bilde die Mehrzahl → die ....

das Sieb → Ich bilde die Mehrzahl → die ....

der Dieb → Ich bilde die Mehrzahl → die ....

das Lied → Ich bilde die Mehrzahl → die ....

blond → Ich vergleiche → blon der

wild → Ich vergleiche → ....

klug → Ich vergleiche → ....

schräg → Ich vergleiche → ....

lieb → Ich vergleiche → ....

fremd → Ich vergleiche → ....

Wissen und Verstehen

Bei manchen Personalformen des Verbs kannst du nicht hören, ob du **b** oder **p**, **d** oder **t**, **g** oder **k** schreiben musst.
Erst in der Grundform des Verbs hörst du den Laut so, wie du ihn schreiben musst.
er schreib**t** – schrei **b**en er san**d**te – sen **d**en sie sa**g**t – sa **g**en

Üben 1

Verlängere die Verben, indem du die Grundform bildest.

du schreibst	kommt von	schrei	ben	also	b
sie steigt	kommt von			also	
sie band	kommt von			also	
er klebt	kommt von			also	
ich flog	kommt von			also	
sie blieb	kommt von			also	
er biegt	kommt von			also	
er lebte	kommt von			also	
du schiebst	kommt von			also	

Üben 2

Erkennst du die schwierigen Stellen? Markiere sie.

Er lebt unter der Erde. Er gräbt wie wild lange Gänge.

Mit seiner Grabehand schiebt er die Erde zur Seite.

Das ist der _ _ _ _ _ _ _ _.

Wörter untersuchen: b/p, d/t, g/k

Üben 3 Schreibe die Wörter auf. Überprüfe die Rechtschreibung mit der Verlängerungsprobe.

 ....

 ....

 ....

 sie ....

 ....

 sie ....

 ....

 ....

 ....

 ....

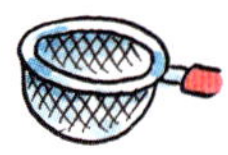 ....

 er ....

 ....

 ....

 es ....

 sie ....

Üben 4 Schreibe das Gegenteil auf. Denke an die Verlängerungsprobe.

scharf	– mild	krank	– ....
zahm	–	böse	– ....
schwach	–	eckig	– ....
früh	–	einfarbig	– ....
warm	–	weich	– ....

issen und Verstehen

Das Fugen-**s** findest du oft bei zusammengesetzten Nomen. Du kannst es in der Verbindung mit anderen Buchstaben manchmal nicht gut hören.

die Mittag**s**pause   Geburt**s**tag

ben 1

Kreise das Fugen-**s** ein.

Trainingsanzug	Mittagspause	Sonntagszeitung
Hemdsärmel	Geburtstag	Gesellschaftsspiel
Frühlingswetter	Weihnachtsbaum	Lieblingsessen
Hochzeitsstrauß	Nahrungsmittel	Adventskranz

ben 2

Bilde zusammengesetzte Nomen und schreibe möglichst viele auf.

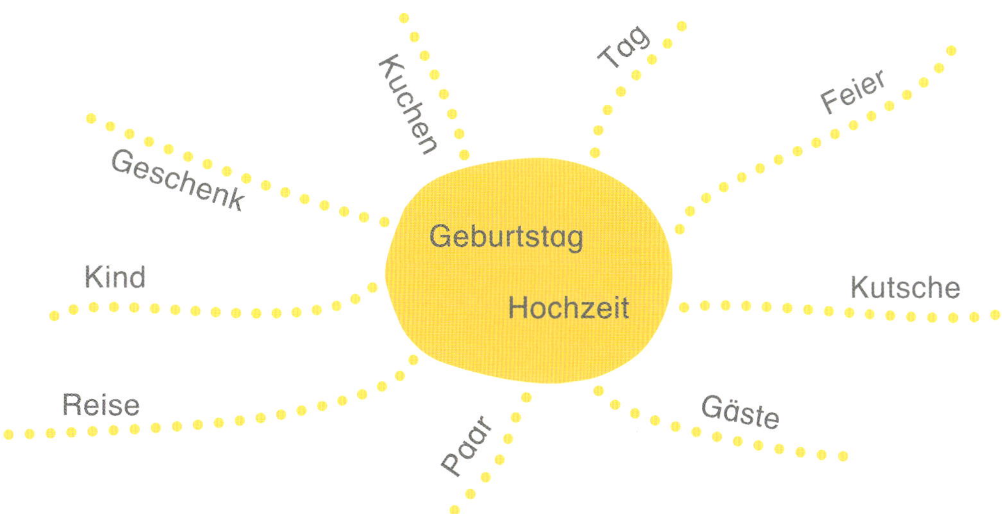

Die Buchstabenverbindung chs

Wissen und Verstehen

Der Laut (ks) wird oft **chs** geschrieben. Diese Wörter sind Merk- und Lernwörter. Wie sie geschrieben werden, kannst du mit Regeln nicht überprüfen. Du musst sie auswendig lernen.

se**chs** der Fu**chs**

Üben

Ergänze die Reihe. Markiere **chs**.

der Achsenbruch	Hinterachse	die Drehachse	→	die Achse
der Dachsbau	der Dachshund	das Dachsweibchen	→	....
die Waldeidechse	die Eidechseneier	die Zauneidechse	→	....
die Luchsaugen	der Polarluchs	abluchsen	→	....
die Sechslinge	sechsunddreißig	der Sechser	→	....
die Erwachsenen	aufwachsen	heranwachsen	→	....
das Wechselgeld	die Wechselstube	auswechseln	→	....
die Teebüchse	die Büchsenmilch	der Büchsenöffner	→	....
der Hornochse	die Ochsentour	der Ochsenschwanz	→	....
der Fuchsbau	der Fuchsschwanz	der Wüstenfuchs	→	....

Büchsen-Wörter — Extrarunde

Sammle **chs**-Wörter in einer Bü**chs**e oder auf einer Karteikarte.
Wie viele Wörter findest du?
Sammle auch Wörter mit anderen schwierigen Lauten.

Können Bist du fit?

Kannst du die Schreibung der hart klingenden Auslaute überprüfen?

wild ◯ | das Kind ◯ | Jörg ◯ | er lebte ◯
er gräbt ◯ | der Korb ◯ | lieb ◯ | die Wand ◯
klug ◯ | sie schreibt ◯ | mild ◯ | es klebt ◯
fremd ◯ | das Lied ◯ | schräg ◯ | es steigt ◯
Jakob ◯ | sie tobt ◯ | Ingrid ◯ | er lobte ◯
der Mund ◯ | Gerd ◯ | die Hand ◯ | gesund ◯

Überlege:

- Welche Verlängerungsform kann ich bei einem Nomen anwenden?
- Welche Verlängerungsform wähle ich beim Adjektiv?
- Welche Verlängerungsform hilft mir beim Verb?

Untersuche jedes Wort auf der Trainingskarte. Notiere die geeignete Verlängerungsform:

Mehrzahl (M)
Vergleichsform (V)
Grundform (G)

Bei welchen Nomen hat die Verlängerungsprobe mit der Mehrzahl nicht funktioniert?

....

....

Lange und kurze Vokale unterscheiden

Wissen und Verstehen

Der betonte Vokal (Selbstlaut) oder Umlaut in einem Wort kann kurz oder lang klingen.

die Hütte – die Hüte

Nach einem kurzen Vokal oder Umlaut folgen mehrere Konsonanten (Mitlaute). Es können auch zwei gleiche sein.

sto**lp**ern fa**ll**en

Üben 1

Markiere die kurzen betonten Vokale mit einem Punkt •, die langen mit einem Strich _.

die Ente	der Löwe	der Tiger	der Affe
der Bär	der Hund	die Katze	die Qualle
die Lämmer	die Gänse	der Käfer	der Wal
blöken	fressen	bellen	quaken
schnell	lieb	dick	kurz

Üben 2

Wie klingt der betonte Vokal? In jeder Reihe passt ein Wort nicht. Begründe.

basteln loben küssen lachen trinken rennen

.... passt nicht, weil ....

schnell glatt grün nass rund bunt hell

.... passt nicht, weil ....

Nase Ohren Fuß Knie Hals Haare Zähne

.... passt nicht, weil ....

Üben 3

Wie viele Konsonanten folgen auf den kurz gesprochenen Vokal? Kreuze an.

	zwei	zwei gleiche	drei und
Tante			
Schiff			
Löffel			
Fenster			
hell			
Dampf			
huschen			

	zwei	zwei gleiche	drei und
stopfen			
bellen			
schimpfen			
wippen			
stolpern			
klatschen			
schütteln			

Üben 4

Suche Reimwörter und schreibe sie auf.

Tanne – Pfanne ....

....

....

tz und ck

Wissen und Verstehen

Nach einem kurzen Vokal werden die Konsonanten **z** und **k** verdoppelt. Statt **zz** schreibst du aber **tz**, statt **kk** schreibst du **ck**.

die Hi**tz**e schwa**tz**en wi**tz**ig

die Ja**ck**e ba**ck**en

Üben 1

Ergänze die Sätze.

Auf leisen Pfoten kommt die Kat ze.

Der Tiger hat sehr große ______ ______.

Ich esse gerne Wiener ______ ______.

Brillengläser muss man ______ ______.

Kinder erzählen sich gern ______ ______.

Mit Wasser kann man ______ ______.

Ohne Haare hat man eine ______ ______.

Auf harten Stühlen kann man schlecht ______ ______.

Üben 2

Suche Reimwörter. Markiere **ck**.

Decken	picken	Rücken
str	str	dr
Schn	n	b
Z	bl	Kr
H	k	pfl
w	st	M

Wissen und Verstehen

Das **h** nach einem Vokal ist ein Dehnungszeichen. Man nennt es Dehnungs-**h**.
Du kannst es nicht hören. Diese Wörter musst du dir merken.

die **Uhr** b**oh**ren l**ah**m

Das silbentrennende **h** kannst du hören, wenn du das Wort in Silben getrennt sprichst.

die Ru-**he** se-**h**en

Üben

1 Ordne die Wörter und schreibe sie auf.

die Zahl das Ohr das Gefühl ähnlich nehmen das Huhn ohne
zehn kahl mehr fahren die Lehrerin die Söhne der Fehler wohnen
zahm hohl ehrlich die Uhr führen die Fahne der Stuhl der Kohl
die Zähne rühren der Verkehr die Röhre

oh/öh ....

eh ....

ah/äh ....

uh/üh ....

Das silbentrennende h

ih-Wörter suchen — Extrarunde

Es gibt nur wenige Wörter mit **ih**. Du verwendest sie allerdings ziemlich häufig.
Es sind die Pronomen: **ihm**, **ihn** ...
Suche die anderen vier Wörter.

Üben 2 Schreibe die Wörter in Silben getrennt auf. Überprüfe, ob du das **h** hören kannst. Kreuze an und ergänze bei den Verben die Personalform.

	1. Silbe	2. Silbe	ja	nein	Personalform
stehen	ste	hen	X		er steht
die Sahne					
sehen					ihr
die Ruhe					
die Uhren					
fehlen					du
die Stühle					
die Schuhe					
fahren					er
die Fahne					
wohnen					sie
nehmen					ihr
drehen					er

Können Bist du fit?

Kannst du die Schreibung nach kurzen und langen Vokalen begründen?

packen der Sturz der Draht petzen die Stimme

stampfen drehen die Bahn die Kerze dehnen die Klingel

fallen fühlen der Klotz flehen das Fenster stumpf

der Stuhl das Fahrrad flicken glatt bremsen die Kette

Überlege:

Bei kurzem Vokal frage ich mich:

- Folgen mindestens zwei Konsonanten?
- Folgen zwei gleiche Konsonanten?
- Folgt ein **tz** oder ein **ck**?

Bei einem langen Vokal frage ich mich:

- Schreibt man das Wort mit einem Dehnungs-**h**?
- Folgt auf den Vokal ein silbentrennendes **h**?

Untersuche die Wörter auf der Trainingskarte. Markiere die betonten kurzen Vokale mit einem Punkt •, die langen mit einem Strich _.
Wähle zu diesen Begründungen jeweils ein Trainingswort aus.

Nach dem kurzen Vokal folgen drei Konsonanten. ➡ ....

Nach dem langen Vokal höre ich das silbentrennende **h**. ➡ ....

Nach dem kurzen Vokal folgen zwei gleiche Konsonanten. ➡ ....

Nach dem kurzen Vokal folgt ein **tz**. ➡ ....

Nach dem kurzen Vokal folgt ein **ck**. ➡ ....

Das Dehnungs-**h** kann ich nicht hören.
Ich muss das Wort auswendig lernen. ➡ ....

Wortstamm und Wortfamilie

Wissen und Verstehen

Wörter mit gleichem Wortstamm gehören zu einer Wortfamilie. Das Erkennen des Wortstamms hilft dir, verwandte Wörter richtig zu schreiben. Der Vokal im Wortstamm kann sich jedoch leicht verändern.

fühlen	das Ge**fühl**	ge**fühl**voll	der **Fühl**er
fahren	das Ge**fähr**t	er **fuhr**	das **Fahr**rad

Üben

Sortiere die Wörter nach Wortfamilien. Kennzeichne den Wortstamm.

die Kühle er aß lächerlich abkühlen das Esszimmer
auslachen die Kühlbox das Gelächter lächeln der Esstisch
die Lachmuskeln kühler er hat gegessen unterkühlt
der Kühlschrank essbar du lachst sie isst

lachen	kühl	essen
du lachst		

Wortfamilien erkennen — Extrarunde

Bei manchen Wortfamilien ist es schwierig, die Verwandtschaft der Wörter am Wortstamm zu erkennen. Weißt du, zu welchen Wortfamilien diese Wörter gehören?

kam Sessel

Wissen und Verstehen

Wenn du ein Verb mit einem vorangestellten Wortbaustein verbindest, können zwei gleiche Konsonanten aufeinandertreffen.

aus-sehen **aus-sprechen** **ab-biegen** **weg-gehen**

Besonders aufpassen musst du bei den Wortbausteinen **ab** und **weg**, weil sie am Ende anders geschrieben als gesprochen werden.

ab-fahren **weg-bringen**

Üben

Bilde aus Wortbausteinen und Verben sinnvolle Wörter.

ab

aus

weg

bremsen schließen brechen binden

laufen knipsen sehen fallen

gehen brennen werfen

nehmen sperren tragen spucken

wischen stellen rechnen biegen

geben blasen setzen gießen gucken

Schreibe nur die Verben auf, bei denen zwei gleiche Buchstaben aufeinandertreffen. Markiere diese Stelle.

abbrennen

Nachgestellte Wortbausteine ig, lich, isch

Wissen und Verstehen

Wörter mit den Wortbausteinen **ig**, **lich**, **isch** sind Adjektive. Sie werden kleingeschrieben.

lust**ig** fröh**lich** stürm**isch**

Wenn du die Adjektive verlängerst, kannst du die Wortbausteine gut unterscheiden und richtig schreiben.

die lust**ig**en Kinder eine fröh**lich**e Gesellschaft ein stürm**isch**er Beifall

Üben

Du kannst ein Adjektiv verlängern, indem du es mit einem Nomen verbindest. Bilde passende Wortpaare und kreise die nachgestellten Wortbausteine ein.

italienisch	Training	die italienische Fahne
leserlich	Apfel	
giftig	Paar	
glücklich	Schrift	
malerisch	Beine	
pünktlich	Weg	
steinig	Fahne	
täglich	Nachbar	
kräftig	Bus	
freundlich	Landschaft	
säuerlich	Pilz	

Können Bist du fit?

Kannst du in diesen Wörtern die schwierigen Stellen erkennen?

aussehen ◯ romantisch ◯ du fährst ◯

weglaufen ◯ ausspucken ◯ abliefern ◯

der Gefährte ◯ ausstellen ◯ wegsehen ◯

traurig ◯ abstellen ◯ wegwischen ◯ absagen ◯

friedlich ◯ die Fähre ◯ aussagen ◯

Überlege:

Gibt es einen vorangestellten Wortbaustein?
- Ist der Wortbaustein richtig angefügt?

Gibt es einen nachgestellten Wortbaustein?
- Kann ich seine Schreibweise überprüfen?

Zu welcher Wortfamilie gehört das Wort?
- Kann ich daraus die Schreibweise ableiten?

Welcher Rechtschreibtipp passt zu den Wörtern auf der Trainingskarte? Trage die passenden Nummern ein.

1. **s** stößt auf **s**, weil der Wortbaustein mit **s** endet und das Verb mit **s** anfängt.
2. Dehnungs-**h**, weil das Wort zur Wortfamilie **fahren** gehört.
3. Wortbaustein **weg** mit **g**, obwohl das **g** am Ende wie **k** klingt.
4. Wortbaustein **ab** mit **b**, obwohl das **b** am Ende wie **p** klingt.
5. Der Wortbaustein **ig**, **lich** oder **isch** kann verlängert werden.

Nach Anfangsbuchstaben ordnen

Wissen und Verstehen

Wenn du unsicher bist, wie ein Wort geschrieben wird, schlage im Wörterbuch nach. Dort sind die Wörter nach dem Abc geordnet: Bei gleichen Anfangsbuchstaben musst du auf den zweiten Buchstaben achten.

der **A**ffe	der **B**är	der **C**lown
die **Ga**ns	der **Ge**ier	der **Go**rilla

Üben

Ordne die Wörter nach dem ABC. Schreibe sie in der richtigen Reihenfolge auf.

Fahrrad	
Reflektor	aufmerksam
Klingel	
Sattel	
Lenker	
Bremse	
Helm	
flitzen	
aufmerksam	
Dynamo	
Fahrradweg	
Mountainbike	
Gegenverkehr	
umschauen	
vorsichtig	
Speichen	

Ferien	
Wiese	
Sonne	
Federball	
Meer	
Wasser	
Wetter	
Sand	
fliegen	
fahren	
Muscheln	
Stein	
warm	
Freunde	
spielen	
Erholung	

Wissen und Verstehen

Nicht alle zusammengesetzten Wörter stehen im Wörterbuch. Um sie zu finden, musst du sie in ihre Teile zerlegen. Diese Teile können aus verschiedenen Wortarten bestehen.

das Türschloss → die Tür, das Schloss
der Hochsommer → hoch, der Sommer
vorbeigehen → vorbei, gehen
dunkelgrün → dunkel, grün

Üben

Zerlege die zusammengesetzten Wörter in die Teile, nach denen du suchen musst. Trage sie ein.

vorbeifahren			Kopfsteinpflaster		
vorbei	fahren		Kopf	stein	pflaster
Hinterradbremse			auftragen		
giftgrün			Gardinenstange		
Hochsprung			dunkelblau		
Buntspecht			vorüberziehen		
Schneeflocken			überanstrengen		

Den Haupteintrag finden

Wissen und Verstehen

Im Wörterbuch stehen Nomen in der Einzahl, Verben in der Grundform und Adjektive in der Grundstufe.

die Nächte → die Nacht
sie spielte → spielen
größer → groß

Manche Wörter sind schwer zu finden, weil sie sich so stark verändern können.

er bog → biegen   besser → gut

Üben

Schreibe das Wort auf, unter dem du im Wörterbuch nachschlagen musst.

die Schätze	finde ich unter	der Schatz
er saß	finde ich unter	....
du verdienst	finde ich unter	....
höher	finde ich unter	....
die Hühner	finde ich unter	....
er liest	finde ich unter	....
gegessen	finde ich unter	....
die Häuser	finde ich unter	....
du ziehst an	finde ich unter	....
die Flöhe	finde ich unter	....
du empfiehlst	finde ich unter	....

Für schlaue Köpfe — Extrarunde

Unter welchen Wörtern musst du nachschlagen, wenn du diese Wörter nicht findest?

am besten   am meisten

Können Bist du fit?

Kannst du im Wörterbuch nachschlagen?

	ja	nein		ja	nein		ja	nein
das Konzert			klatschen			die Klasse		
die Röhren			nämlich			die Ärztinnen		
du spielst			er lief			sie hat gegessen		
besser			am meisten			majestätisch		
schließlich			telefonieren			vielleicht		
kleinkariert			himmelblau			das Computerspiel		

Überlege:

Wie gehe ich vor?

- Ich suche zuerst nach dem Anfangsbuchstaben.
- Ich sehe mir den zweiten und die folgenden Buchstaben an.
- Ich suche Nomen im Singular, Verben in der Grundform, Adjektive in der Grundstufe.
- Zusammengesetzte Wörter zerlege ich und suche beide Wörter.

Findest du die Wörter auf der Trainingskarte in deinem Wörterbuch? Kreuze an.

Ordne die Wörter von der Trainingskarte nach dem Abc.
Schreibe sie auf.

....

....

....

....

....

....

....

Zu Bildern erzählen

Wissen und Verstehen

Zu einer Bildergeschichte kannst du eine zusammenhängende Erzählung schreiben. Du beschreibst dabei nicht nur die einzelnen Bilder, sondern ergänzt auch, was vor, zwischen und was nach den Bildern passiert.
Damit eine lebendige und spannende Geschichte entsteht, verwendest du die wörtliche Rede, Ausrufe- und Fragesätze.

Üben

1 Sieh dir die Bildergeschichte von Svens Einkauf genau an.
Was ist zwischen den einzelnen Bildern passiert? Wie könnte die Geschichte enden?
Zeichne oder schreibe in den Rahmen.

In der richtigen Reihenfolge erzählen

ben 2 Die einzelnen Erzählschritte sind durcheinandergeraten. Nummeriere sie in der richtigen Reihenfolge.

- Erzählschritt: Er stellt die Einkaufstasche in seinen Fahrradkorb und fährt los.
- Erzählschritt: Ein Junge und eine Frau helfen Sven beim Aufstehen und sammeln die Gegenstände wieder ein, die er beim Sturz verloren hat.
- Erzählschritt: Sven kauft ein und bezahlt an der Kasse.
- Erzählschritt: Plötzlich läuft eine Katze über den Weg.
- Erzählschritt: Sven bremst und stürzt.
- Erzählschritt: ....

....

....

....

ben 3 Beantworte die folgenden Fragen zu der Bildergeschichte.

Wer erlebt etwas? ....

Wo spielt die Geschichte? ....

....

Was passiert? ....

....

....

....

....

Wie endet die Geschichte? ....

....

....

Treffende Verben verwenden

Üben 4 Suche treffende Verben und verbessere die Begleitsätze, indem du Wiederholungen vermeidest.

„Hast du dich verletzt?", ~~sagt~~ fragt Frau Lutz.

„Ich habe mein Knie aufgeschürft", ~~sagt~~ .... Sven, „aber das ist nicht so schlimm."

Markus ~~sagt~~ ....: „Kann ich dir helfen?" „Vielleicht kannst du die Dinge einsammeln, die in meiner Einkaufstasche waren", ~~sagt~~ .... Sven, „hoffentlich ist nichts kaputt."

„O je! Aus diesem Päckchen tropft Milch", ~~sagt~~ .... Markus aufgeregt.

„So ein Pech! Dass mir das heute passieren muss!", ~~sagt~~ .... Sven böse.

„Ist doch alles halb so schlimm", ~~sagt~~ .... Frau Lutz, „wir haben doch alles schon wieder eingesammelt und deine Mutter wird sicher froh sein, dass dir nichts passiert ist."

plappern | beruhigen | jubeln | schimpfen | ~~fragen~~ | jammern

bitten | seufzen | rufen | stammeln | antworten | fragen

ben 5 Sieh dir dieses Bild genau an. Achte auf den Gesichtsausdruck und beantworte die Fragen.

Wie fühlt sich Sven? ....

....

....

....

Was denkt er? ....

....

....

....

Was ruft er aus? Wähle passende Ausrufe aus und markiere sie farbig.

Hilfe! | Juchhu! | Oh Schreck! | Ach du liebe Zeit! | Wie herrlich! | Hurra!

O weh! | Toll! | So ein Pech! | Nein! | Oh! | Hoppla! | Super!

ben 6 Schreibe deine Geschichte ausführlich auf. Die Erzählschritte auf Seite 59 können dir helfen.

Geschichten schreiben — Extrarunde

Wenn deine Geschichte besonders gut gelungen ist, kannst du sie an die Redaktion des Dudenverlags schicken:

Bibliographisches Institut
Redaktion Kinder- und Jugendbuch
Postfach 100311
68003 Mannheim

Erzählschritte planen

Wissen und Verstehen

Ein erfundenes oder tatsächliches Erlebnis kannst du in einer Geschichte erzählen. Das Hauptereignis wird im Hauptteil möglichst genau aufgeschrieben, damit die Geschichte interessant und spannend wird. Die Einleitung und der Schluss sollten kurz sein.

Notiere zuerst die einzelnen Erzählschritte. Überlege anschließend, was du besonders ausführlich erzählen willst.

Üben

1 Lies die folgenden Erzählschritte und beantworte die Fragen.

Tim und Anna gehen am Nachmittag von der Schule nach Hause.
Auf dem Gehweg sehen sie einen fremden, großen Hund.
Sie haben Angst.
Sie verstecken sich hinter einem Gartenzaun.
Der Hundebesitzer kommt und nimmt den Hund an die Leine.
Tim und Anna setzen ihren Schulweg fort.

Wann und **wo** spielt die Geschichte? ....

....

Wer sind die Hauptpersonen? ....

Was ist geschehen? ....

....

....

....

Wie endet die Geschichte? ....

....

....

....

ben 2 Anna hat im Hauptteil der Geschichte spannend erzählt, was sie und Tim dachten, fühlten und sagten. Unterstreiche diese Stellen im Text unten.

ben 3 Ergänze eine kurze **Einleitung** und einen kurzen **Schluss**.

....

In der letzten Woche ....

....

....

Als wir den großen, schwarzen Hund auf dem Gehweg sahen, blieben wir wie angewurzelt stehen. „Sollen wir schnell auf die andere Straßenseite gehen?“, fragte ich Tim ängstlich. „Wir dürfen auf keinen Fall wegrennen“, meinte Tim, „damit er uns nicht verfolgt.“ Unsicher schauten wir uns nach dem Besitzer um, aber er war nirgends zu sehen. „Wenn wir weiterlaufen, müssen wir an dem Hund vorbeigehen und er sieht nicht sehr freundlich aus“, dachte ich verunsichert. Da hatte Tim eine Idee. „Lass uns hier hinter dem Gartentor warten, bis der Hundebesitzer auftaucht.“ Langsam bewegten wir uns in den Garten und schlossen schnell das Tor. Ich war froh, dass wir uns hinter dem Zaun verstecken konnten.

Nach ein paar Minuten ....

....

....

ben 4 Entscheide dich für eine **Überschrift** und schreibe sie über die Geschichte.

Der schwarze Hund | Ein Zwischenfall auf dem Schulweg | Ein großer Schreck

Eine Fantasiegeschichte planen

Wissen und Verstehen

Eine Fantasiegeschichte kannst du mit unwahrscheinlichen und fantastischen Einzelheiten ausstatten. Sie kann in der Zukunft, auf einem fernen Planeten oder im Märchenwald spielen.
Der Verlauf muss gut geplant sein, damit du den roten Faden nicht verlierst.

Üben 1

Plane eine Fantasiegeschichte zu diesen drei Reizwörtern. Schreibe weitere passende Wörter auf die Linien, die du in deiner Geschichte verwenden willst.

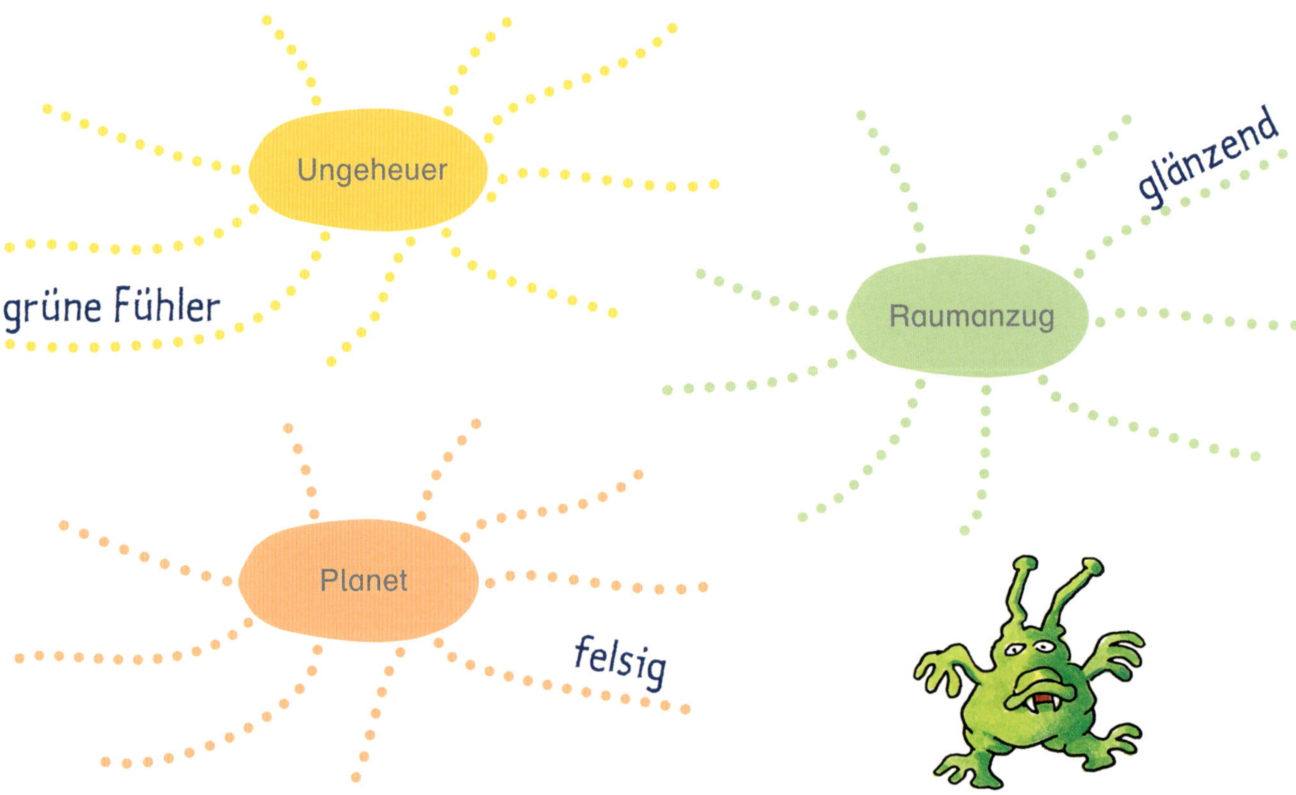

Üben 2

Beantworte diese Fragen in Stichworten.

Was ist der Inhalt deiner Geschichte? ....

....

Wann und **wo** soll die Geschichte beginnen? ....

....

Wie soll die Geschichte enden? ....

ben 3 An welcher Stelle soll deine Geschichte besonders spannend werden?

....

....

....

ben 4 Johannes hat seine Geschichte auf Zettel geschrieben. Verbinde sie in der richtigen Reihenfolge. Umrande die Wörter **Raumanzug**, **Ungeheuer** und **Planet**.

Vor einigen Jahren unternahm ich mit meinem Freund einen Weltraumausflug. Eines Tages wollte ich das Raumschiff verlassen und einen Planeten betreten.

Da sah ich plötzlich hinter einer Bergkuppe zwei grüne Fühler und spürte, dass ich beobachtet wurde. „Soll ich mich dem glänzenden Ungeheuer nähern?“, fragte ich mich aufgeregt.

Langsam schwebte ich weiter und sah entsetzt, dass eine riesige Gruppe von grünen Tierungeheuern auf mich zukam. „Sie sehen nicht gerade freundlich aus“, dachte ich beunruhigt. „Ich muss mich in die Raumkapsel retten.“ Verfolgt von den Monstern bewegte ich mich, so schnell ich konnte, zu dem schützenden Raumschiff.

Aufgeregt legte ich meinen silbernen Raumanzug an und schwebte langsam aus dem Raumschiff. Um mich herum sah ich nur die felsige Landschaft. Enttäuscht wollte ich schon zurückkehren.

Wir schafften es gerade noch rechtzeitig, mit unserer Kapsel zu starten. Freundlich winkten wir den immer kleiner werdenden grünen Lebewesen zu und verschwanden im Weltall. Noch lange erzählte ich von meinem aufregenden Abenteuer.

Texte schreiben: Erzählungen

Treffende Wörter verwenden

Wissen und Verstehen

Mit treffenden Verben, ausschmückenden Adjektiven und zusammengesetzten Nomen wird eine Fantasiegeschichte anschaulich. Auch was die Personen denken und sprechen, interessiert die Leser und Leserinnen.

Üben 1 Lies die zusammengesetzten Nomen und entscheide: Wer oder was kann nicht fliegen? Kennzeichne farbig und schreibe auf.

....

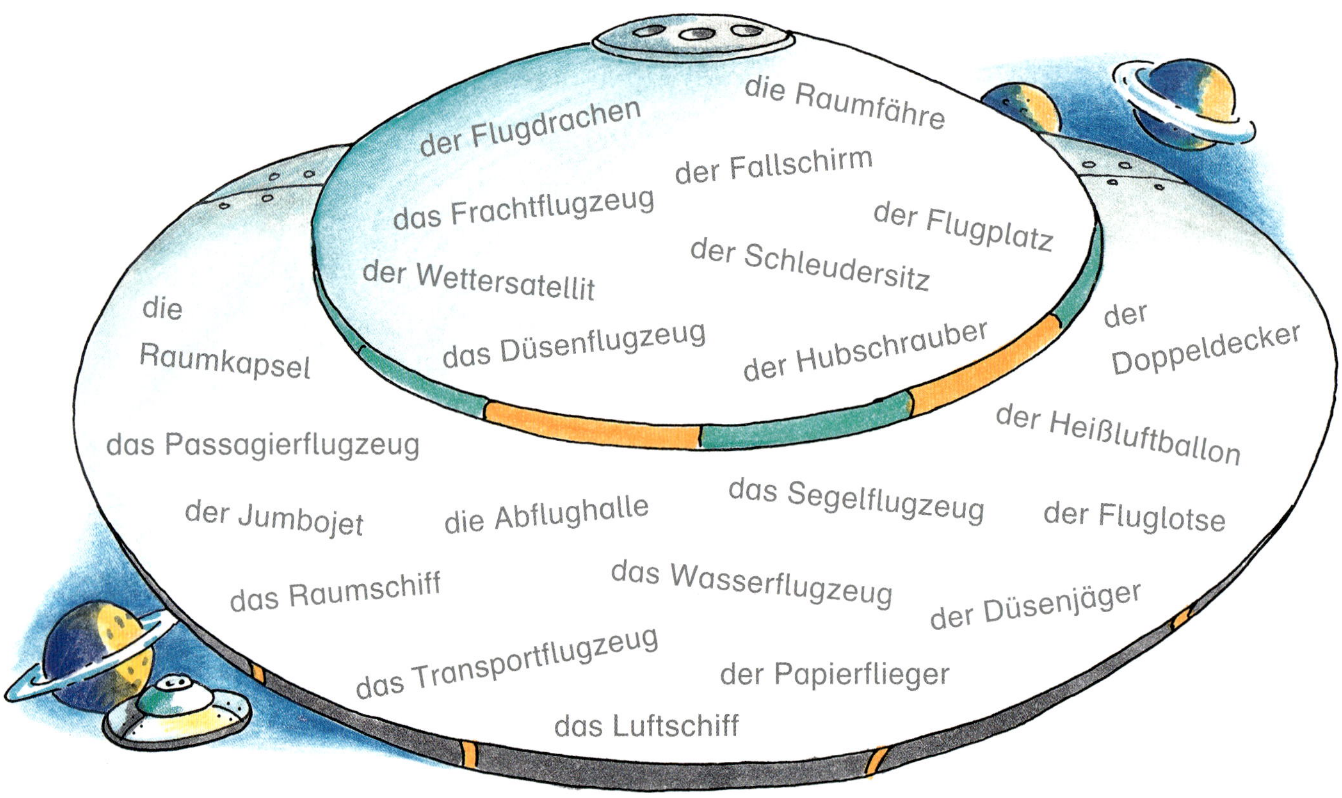

Üben 2 Hast du Lust bekommen, deine eigene Geschichte zu den Wörtern aufzuschreiben?

Raumanzug | Ungeheuer | Planet

Benutze dazu deine Ideensammlung und deine Planung auf den Seiten 64 und 65. Schreibe den Hauptteil deiner Geschichte besonders ausführlich. Was denken und sprechen die Personen in deiner Geschichte?

Üben 3 Ordne die Verben den Wortfeldern **fliegen**, **gehen** und **sehen** zu.
Umrande die 5 Verben, die zu keiner dieser Gruppe passen.

schreiten beobachten schlendern gleiten
schweben erblicken düsen mustern
segeln stottern schreien flattern
eilen stammeln schwirren rasen humpeln
erspähen wandern schleichen schauen
wahrnehmen anblicken flüstern trampeln
bestaunen anstarren erwidern stapfen

Wortfeld **fliegen**:

Wortfeld **gehen**:

Wortfeld **sehen**:

Zu welchem Wortfeld gehören die umrandeten Verben?

Sätze überarbeiten

Wissen und Verstehen

Damit deine Geschichte abwechslungsreich wird, solltest du Wiederholungen vermeiden. Du kannst Satzglieder umstellen oder ersetzen.

Wir rannten zur Sporthalle. **Wir** zogen schnell unsere Schuhe aus.
Schnell zogen **wir** unsere Schuhe aus.

Die Lehrerin war schon da. **Die Lehrerin** holte die Bälle.
Sie holte die Bälle.

Üben 1

Diese Sätze sind langweilig. Unterstreiche die Wiederholungen.

Wir machten am Wochenende einen Ausflug. Wir fuhren schnell mit den Fahrrädern zum Neckarufer. Wir machten auf der großen Wiese ein Picknick. Wir verteilten den Kuchen und die Getränke. Da kam auch schon die erste Wespe. Da aßen wir alle ganz vorsichtig. Wir tranken nur mit dem Strohhalm. Danach spielten wir mit dem Ball. Danach radelten wir am Abend fröhlich nach Hause.

Üben 2

Verbessere, indem du Satzglieder umstellst oder ersetzt. Kurze Sätze kannst du auch mit **und** verbinden.

....

....

....

....

....

....

....

....

....

Kannst du eine Erzählung überarbeiten?

....

Am letzten Ferientag war ich mit meinem Bruder im Schwimmbad. Nachdem wir uns umgezogen hatten, rannten wir gleich zum Wasser. Anton wollte sich gleich hineinstürzen. Doch da passierte es. Auf den nassen Kacheln rutschte er aus und fiel auf seinen Ellenbogen. Er weinte. Der Bademeister kümmerte sich um ihn. Viele Leute schauten zu. Wir mussten wieder nach Hause, weil er am Arm blutete. Traurig kamen wir zu Hause an. Zum Glück war nichts gebrochen und nach einer Woche konnte Anton schon wieder schwimmen. **A B C D E F G**

Überlege:

- Besteht die Erzählung aus drei Teilen: Einleitung, Hauptteil, Schluss? **A**
- Beantwortet die Einleitung kurz die Fragen: wann? wo? wer? **B**
- Stehen im Hauptteil die Erzählschritte in der richtigen Reihenfolge? **C**
- Ist der Höhepunkt der Geschichte genau ausgearbeitet? **D**
- Wurde dabei auch die wörtliche Rede verwendet, um Gefühle, Gedanken und Äußerungen der Personen wiederzugeben? **E**
- Hat die Erzählung einen kurzen Schluss? **F**
- Hat die Erzählung eine Überschrift, die neugierig macht? **G**

Prüfe den Text und kreise die passenden Buchstaben auf der Trainingskarte ein.
Trenne Einleitung, Hauptteil und Schluss mit einer Markierung: |.
Setze ein V an der Stelle ein, wo nach deiner Meinung ausführlicher erzählt werden muss.

Suche eine treffende Überschrift und schreibe sie über den Text.

Informationen sammeln

Wissen und Verstehen

In einem Sachtext kannst du über Personen, Tiere, Pflanzen, Dinge und Vorgänge genau informieren. Dazu werden zuerst Materialien und Informationen gesammelt. Eine Gliederung hilft, den Text in sinnvolle Abschnitte aufzuteilen.
Die Informationen sind allgemeingültig. Schreibe deshalb in der Gegenwart.

Üben 1 Sieh dir die beiden Bilder auf Seite 71 genau an.
Entscheide anschließend, zu welchem Hund diese Eigenschaften passen.
Kennzeichne mit A (Afghane) oder mit B (Bernhardiner)

kräftig, groß und muskulös B — groß, mit schmalem Brustkorb

seidiges, langes Haar — dichtes, glatt anliegendes Fell

weiße Farbe mit rotbraunen Flächen — breiter, gewölbter Schädel

rotbraune Farbe — schmaler Kopf mit langer Nase

kurze Schnauze — große, dreieckige Ohren

lange, schwere Rute (Schwanz) — Hängeohren mit Haaren bedeckt

Üben 2 Ordne auch diese Eigenarten den beiden Hunden zu.

bekannt als Rettungshund — außerordentliche Geschwindigkeit beim Rennen

unabhängig und stolz — guter Orientierungs- und Geruchssinn

treu und freundlich

Hunde-Experten — Extrarunde

Suche im Internet weitere Informationen zu diesen beiden Hunderassen, zum Beispiel mit der Suchmaschine www.blinde-kuh.de.

ben 3 Beschreibe die beiden Hunderassen in ganzen Sätzen. Verwende dazu die Informationen von Seite 70.

....

....

....

....

....

....

....

....

....

....

....

....

ben 4 Lies deine Tierbeschreibungen jemandem vor. Kann er die jeweilige Hunderasse ohne die Bilder erkennen?

Hunde-Rätsel

Extrarunde

Kennst du diesen Hund?
Er ist klein und hat kurze, krumme Beine. Seine Haare können lang, glatt und rotbraun oder kurz und grau sein. Seine schwarzen Augen schauen manchmal etwas traurig. Er kann laut kläffen.

Eine Person beschreiben

Wissen und Verstehen

Eine Personenbeschreibung muss genau, sachlich und gut gegliedert sein. Die Leserin oder der Leser möchte sich die Person gut vorstellen können. Wird eine Person vermisst, hilft die Beschreibung der wichtigsten Merkmale, wie Geschlecht, Alter, Größe, Körperbau, Haar- und Augenfarbe, sie zu erkennen. Mit zusammengesetzten Adjektiven kannst du genau beschreiben und vergleichen:

kastanienbraun   kugelrund   pechschwarz   schneeweiß

Üben

1 Ordne die Eigenschaften den beiden Personen zu. Umrande in der entsprechenden Farbe.

kastanienbraunes Haar

zierlich

blonde Haare

ovales Gesicht

kräftig

1,20 m groß

12 Jahre alt

weiblich

männlich

1,80 m groß

Tätowierung

schmales Gesicht

35 Jahre alt

graublaue Augen

dunkelbraune Augen

Sommersprossen

Üben 2 Wähle eine der beiden Personen aus und ordne die wichtigen Merkmale zu.

Geschlecht: ……………………………………………………………

Alter: ……………………………………………………………

Größe: ……………………………………………………………

Körperbau: ……………………………………………………………

Gesicht: ……………………………………………………………

Haarfarbe: ……………………………………………………………

Augen: ……………………………………………………………

besondere Kennzeichen: ……………………………………………………………

Üben 3 Diese Merkmale können sich ändern. Beschreibe, wie deine Person auf dem Bild aussieht.

Kleidung: ……………………………………………………………

Schuhe: ……………………………………………………………

Frisur: ……………………………………………………………

Üben 4 Du kannst kürzer beschreiben. Setze das passende zusammengesetzte Adjektiv ein.

Der Dieb rannte …………………… an mir vorbei.
(so schnell wie der Blitz)

Er war …………………… und schien …………………… zu sein.
(so groß wie ein Riese) (so stark wie ein Bär)

Seine Haare waren …………………… .
(so schwarz wie ein Rabe)

Er trug ein Hemd, das …………………… war.
(so blau wie der Himmel)

Vor Schreck war ich …………………… .
(so weiß wie Kreide)

Eine Backanleitung schreiben

Wissen und Verstehen

In einer Anleitung wird erklärt, wie etwas hergestellt oder zubereitet wird.
In einem Koch- oder Backrezept werden zuerst alle wichtigen Zutaten aufgeführt.
Die einzelnen Arbeitsschritte müssen in der richtigen Reihenfolge genannt werden.
Treffende Verben und Fachbegriffe helfen, den Vorgang genau zu beschreiben.

Üben

1 Lies die Backanleitung für Heidelbeer-Muffins. Verbinde die einzelnen Arbeitsschritte mit dem entsprechenden Bild und unterstreiche die Verben.

Zutaten: 250 g Heidelbeeren
Für den Teig: 300 g Weizenmehl, 3 TL Backpulver, 1 Prise Salz, 50 g Zucker, 1 Pck Vanillezucker, 1 Ei (Größe M), 250 ml Milch, 4 EL Speiseöl

- Heidelbeeren waschen und mit Küchenpapier trocken tupfen.
- Mehl und Backpulver mischen und in eine Rührschüssel sieben.
- Die restlichen Zutaten hinzufügen und mit einem Handrührgerät zu einem glatten Teig verarbeiten.
- Heidelbeeren vorsichtig unterheben. Den Teig in 12 Muffinsförmchen füllen.
- Bei 160 °C (Heißluft) etwa 25 Minuten backen.

Ein Rezept vervollständigen

ben 2 Um nach dieser Vorlage Muffins zu backen, brauchst du auch Küchengeräte. Schreibe sie auf.

....

....

ben 3 So kannst du deiner Freundin oder deinem Freund beschreiben, wie Muffins gebacken werden. Setze in dieser Arbeitsanweisung die treffenden Verben in der Befehlsform ein.

Wasche die Heidelbeeren und .... sie mit einem
Küchenpapier .... Mehl und
Backpulver und .... es in eine Rührschüssel.
.... die restlichen Zutaten ....
und .... alles mit einem Handrührgerät zu einem
glatten Teig. .... die Heidelbeeren vorsichtig
.... den Teig in Muffinsförmchen.
.... die kleinen Kuchen etwa 25 Minuten bei 160 Grad.

ben 4 Was bedeuten diese Abkürzungen? Sie werden oft in Rezepten benutzt. Erkläre.

EL = ... TL = ...

Pck = ... °C = ...

ml = ... l = ...

g = ... kg = ...

Treffende Wörter auswählen

Üben 5 Lies diese Anleitung. Wähle in jedem Satz das Verb aus, das genau sagt, was zu tun ist. Umrande es.

Batiken

Ein weißes T-Shirt zu einer Wurst
machen drehen legen.

Paketschnüre fest um diese Rolle
wickeln fädeln geben.

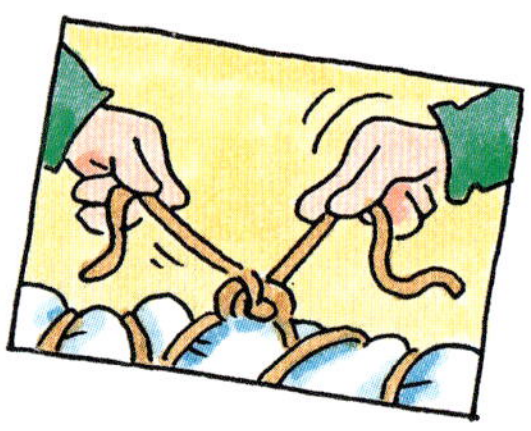

Die Schnüre fest
zumachen verknoten binden.

Zum Schutz der Hände Gummihandschuhe
überziehen anlegen anbringen.

Den Stoff in die Schüssel mit Batikfarbe
werfen geben tauchen.

Erst nach dem Trocknen die Schnüre
aufreißen lösen wegmachen.

Üben 6 Mit Fachbegriffen kannst du etwas genau ausdrücken.
Welche Bedeutung ist richtig? Kreuze sie an.

Batik

- ☐ ist ein Stromspeicher, der in tragbare Geräte eingesetzt werden kann.
- ☐ ist eine Aufführung auf der Bühne, in der eine Geschichte ohne Sprache gespielt wird. Ballare bedeutet tanzen auf Italienisch.
- ☐ ist ein Verfahren zum Färben von Stoff, bei dem durch Verwendung von Wachs oder durch Abbinden ein Muster entsteht.

Kannst du eine gute Personenbeschreibung erkennen?

☐ Frau Lehr sagt: „Der ziemlich große Mann hatte braune, kurze Haare. Er hat einen Mantel und weiße Schuhe getragen. Ich fand, er sah unfreundlich aus. Auch vom äußeren Eindruck hat er mir überhaupt nicht gefallen. Er war viel zu dick.“

☐ Larissa sagt: „Der ungefähr 30-jährige Mann hatte kurzes, kastanienbraunes Haar. Seine Größe schätze ich auf 180 cm. Er hatte eine kräftige Figur und ein breites Gesicht. Seine Augen konnte ich nicht sehen. Sie waren von einer großen, dunklen Sonnenbrille bedeckt. Er trug einen dunkelgrauen, langen Wintermantel und weiße Sportschuhe.“

Überlege:

- Ist die Personenbeschreibung genau und sachlich?
- Kannst du dir die Person gut vorstellen?
- Sind wichtige Merkmale beschrieben, wie Geschlecht, Alter, Größe, Körperbau, Haar- und Augenfarbe?
- Ist die Kleidung gut beschrieben?

Entscheide, welche der beiden Beschreibungen genauer und sachlicher ist. Kreuze sie an.
Unterstreiche in beiden Personenbeschreibungen die Aussagen, die helfen, die Person zu erkennen.

Schreibe die zusammengesetzten Adjektive und Nomen auf, die die Beschreibung genauer machen.

....

Eine Einladung schreiben

Wissen und Verstehen

In einem Brief kannst du etwas mitteilen, dich bedanken, Glückwünsche verschicken und noch vieles mehr. Diese Teile darfst du nicht vergessen:

den Absender, das Datum, die höfliche Anrede, den Gruß und die Unterschrift

In einer Einladung musst du Antworten auf diese Fragen geben:

Was findet statt? Wer lädt ein? Wann? Wo? Wie lange?

Üben

1 Katrin möchte eine Einladung zu ihrer Geburtstagsfeier schreiben. Lies die Notizen, die sie sich gemacht hat, damit sie keine wichtigen Informationen vergisst:

Gäste: Luisa, Aysel, Eva, Sabine, Nadine

Badesachen nicht vergessen

Treffpunkt: 15 Uhr am Hallenbad

Samstag, 14. April

Um 19 Uhr werden alle Kinder nach Hause gebracht

Schreibe für Katrin mit diesen Notizen eine Einladung.

8. April

Liebe .... ,

zu meiner Geburtstagsfeier

....

....

....

....

....

....

....

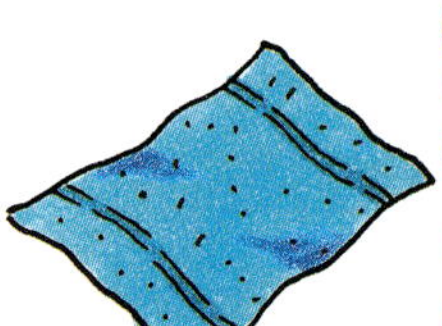

ben 2 Felix nimmt einen Anruf für seine Mutter entgegen, da sie nicht zu Hause ist. Lies, was gesprochen wurde, und unterstreiche die drei wichtigen Informationen.

„Hallo, hier ist Frau Schmitt. Könntest du deiner Mutter ausrichten, dass der Englischkurs heute eine Stunde früher beginnt, weil ich noch einen anderen Termin habe, also schon um 18 Uhr? Außerdem soll sie heute ausnahmsweise ihr Wörterbuch mitbringen, wir brauchen es dringend. Wenn deine Mutter noch bitte Frau Lenz Bescheid geben könnte, dann brauche ich nicht überall anzurufen.

Vielen Dank! Und vergiss nicht, es ihr zu sagen! Tschüss.“

„Ich werde es ihr aufschreiben. Ich muss nämlich gleich zum Handballtraining. Tschüss!“

ben 3 Schreibe die Nachricht von Felix an seine Mutter auf.

Hallo Mama,
um 15 Uhr hat Frau ……………………………………………………………

Die Reihenfolge beachten

Üben 4 Auf dieser Postkarte ist alles durcheinandergeraten. Ordne das Datum, die Anrede, den Inhalt, den Gruß und den Absender in der richtigen Reihenfolge. Die richtig geordneten Lösungsbuchstaben sagen dir, wo Anke in den Ferien ist.

	an meinem Ferienort gefällt es mir sehr gut.	t
	Liebe Grüße	o
	Hallo Tine,	ei
	Anschließend reiten wir über die Felder aus.	r
1	5.7.2007	R
	Wir stehen schon früh auf und helfen im Stall.	e
	Deine Anke	f
	Ich freue mich, Dich bald wiederzusehen.	h

....

Üben 5 Setze die Teile der Adresse in der richtigen Reihenfolge zusammen.

63458 Neuburg

Tine Laubershein

Bergstraße 15

Können Bist du fit?

Kannst du erkennen, ob die Einladung vollständig ist?

Hallo liebe Eltern, Geschwister und Freunde!

Kommt alle zu unserer lustigen Aufführung

„Ballett Bellissimo“!

Um 16 Uhr geht in der Turnhalle der Pestalozzischule der Vorhang auf.

Wir haben im Sportunterricht fleißig trainiert.

Jetzt freuen wir uns auf viele Zuschauer.

Eure 4a und 4b

Überlege:

- Sagt die Einladung, **was** stattfindet?
- Informiert sie darüber, **wer** einlädt?
- Erfährt man, **wann**, **wo** und **wie lange** die Aufführung stattfindet?

Umrande auf der Trainingskarte die Informationen, die auf die Fragen **was?**, **wer?**, **wann?**, **wo?** und **wie lange?** eine Antwort geben.

Welche beiden Angaben fehlen?

....

Ergänze sie in der Einladung. Du kannst dir etwas Passendes ausdenken.

Piktogramme verstehen

Wissen und Verstehen

Bilder oder Zeichen, die eine bestimmte Bedeutung haben, nennt man Piktogramme. Jeder kann sie leicht verstehen. Sie helfen den Menschen, sich auch in einem anderen Land zurechtzufinden.

 – Restaurant

 – Telefon

Üben 1

Jedes dieser Piktogramme gehört zu einer Sportart. Verbinde jedes Zeichen mit der richtigen Bedeutung.

Reiten · Bogenschießen · Schwimmen · Skaten · Tanzen · Laufen · Fechten

Üben 2

Die folgenden Piktogramme werden in Fahrplänen verwendet. Sie zeigen an, welche besonderen Möglichkeiten es in einem Zug gibt. Verbinde die Zeichen mit der passenden Bedeutung. Zwei Begriffe bleiben übrig.

Autoreisezug · Schlafwagen · Speisewagen · Nichtraucher-Abteil · Schließfach · Fahrrad-Mitnahme

Piktogramme entwerfen — Extrarunde

Gestalte dein eigenes Piktogramm für deine Lieblingssportart.

Wissen und Verstehen

In einer Tabelle kannst du viele Einzelheiten auf einen Blick erkennen. Jede Tabelle hat Zeilen → und Spalten ↓. In eine Tabelle können Wörter, Zahlen oder Striche eingetragen werden.

Üben 1

Diese Tabelle zeigt dir, welche Haustiere die Kinder der 3. Klassen in der Steinbachschule haben. Sieh sie dir genau an und beantworte dann die Fragen.

Klasse	Hamster	Vogel	Hase	Hund	Katze	Meerschweinchen
3a	ǀǀ	ǀ	—	ǀǀǀǀ	ǀǀ	ǀǀǀ
3b	—	ǀǀ	ǀ	ǀǀǀ	—	ǀǀ
3c	ǀ	ǀǀǀ	ǀǀǀ	ǀǀ	ǀǀǀ	ǀ

Welche Klasse hat die meisten Tiere? ....

Welche Tiere sind in dieser Schule am beliebtesten? ....

Wie viele Kinder haben einen Hund? ....

Von welchen Tierarten gibt es gleich viele? ....

Üben 2

In dieser Tabelle kannst du erkennen, was die Kinder der Klasse 3c als Pausenfrühstück mitgebracht haben.

Käsebrot	Süßigkeiten	Obst	Joghurt	Kuchen
18	2	14	9	4

Wäre die Schulzahnärztin mit dieser Klasse zufrieden? Kreuze an.

☐ ja ☐ nein

Anleitungen verstehen

Wissen und Verstehen

Eine Anleitung hilft beim Basteln, Kochen oder Backen. In ihr wird erklärt, wie du etwas herstellen oder zubereiten kannst. Koch- oder Backanleitungen werden Rezepte genannt. Spiele werden durch eine Spielanleitung erklärt.

Üben

Diese Anleitung zeigt dir, wie du einen Wurfball basteln kannst. Du erfährst, was du dazu brauchst, und du kannst sehen, wie du vorgehen musst. In jedem Satz fehlt ein Wort. Setze es ein.

Nimm ein Stück .... und eine Schere.

Schneide den Stoff möglichst .... aus.

Als Füllung kannst du Sand, ... oder etwas Ähnliches benutzen.

Mit dem Faden musst du nun den Stoff fest ....

Jetzt kannst du noch viele bunte Stoffstreifen daran ....

Viel Spaß beim Spielen!

Stock rund Riese befestigen rot Reis
Stoff zubinden befürchten zuschlagen

Können Bist du fit?

Kannst du Bilder und Zeichen lesen?

Sportarten der 3. Klassen in der Steinbachschule

Klasse	Schwimmen	Ballett	Fußball	Basketball	Leichtathletik	Turnen
3a	𝍸 ||		𝍸 𝍸	||	𝍸 |||	|||
3b	||||	𝍸 |	𝍸 ||||	|||	||||	||
3c	𝍸	|||	𝍸 𝍸 ||||		||	||||

Überlege:

- Verstehe ich, was die Tabelle zeigt?
- Verstehe ich, was in den Zeilen und Spalten steht?
- Habe ich jede Zeile und jede Spalte gründlich geprüft?

Markiere auf der Trainingskarte:
die beliebteste Sportart in jeder Klasse,
die am zweithäufigsten genannte Sportart in jeder Klasse,
die Klasse, in der die meisten verschiedenen Sportarten ausgeübt werden.

Markiere außerdem:
die Sportart, die von den wenigsten Kindern betrieben wird, mit einem **X**,
die Klasse, in der kein Kind Basketball spielt, mit einem **O**.

Welche Sportart gefällt dir am besten?

....

....

....

Bild und Text zuordnen

Wissen und Verstehen

Beim Lesen musst du aufmerksam sein und genau auf alle Wörter und Sätze achten. Wenn du die dazugehörenden Bilder betrachtest, kannst du leicht entscheiden, welche Texte zu welchem Bild passen.

Üben

1 Lies jeden Textabschnitt genau durch und entscheide, zu welchem Bild er passt. Schreibe die Nummer des Textes in das Kästchen auf dem passenden Bild.

1 Überall auf der Welt gibt es Vögel, insgesamt etwa 8000 verschiedene Arten. Der kleinste Vogel ist der Kolibri. Manche Kolibris wiegen nur 2 Gramm. Sie sind kaum größer als ein Käfer oder eine Hummel.

2 Landtiere und Menschen wachsen nur, bis sie ihre bestimmte Größe erreicht haben. Fische jedoch wachsen ihr ganzes Leben lang. Sie bekommen aber keine neuen Schuppen, sondern die vorhandenen Schuppen wachsen mit.

3 Alle Vögel legen Eier. In den Eiern wachsen die Küken. Sie schlüpfen aus, wenn ihr Körper fertig entwickelt ist. Dazu pieksen sie an mehreren Stellen kleine Löcher in die Schale und drücken sie dann langsam auseinander.

4 Menschen brauchen Zähne, um ihre Nahrung zu zerkleinern. Wenn ein Zahn ausgefallen ist, bleibt eine Lücke. Beim Haifisch rückt in die Lücke sofort ein neuer Zahn nach. Einem Tigerhai können in 10 Jahren bis zu 1400 neue Zähne wachsen.

Den passenden Satz ankreuzen

üben 2 Sieh dir das Bild gut an. Lies dann alle Texte und kreuze auf jeder Karte den Satz an, der zum Bild passt.

Auf dem Schulhof haben heute zwei Lehrer Aufsicht. ☐

Auf dem Schulhof haben heute zwei Lehrerinnen Aufsicht. ☐

Ballspielen in der Pause ist an dieser Schule verboten. ☐

Ballspielen in der Pause ist an dieser Schule erlaubt. ☐

Auf dem Klettergerüst klettern Kinder herum. ☐

Auf dem Klettergerüst klettern keine Kinder herum. ☐

Da liegt ein Junge auf dem Boden und weint. ☐

Da liegt ein Mädchen auf dem Boden und weint. ☐

In dieser Schule tauschen die Kinder keine Karten. ☐

In dieser Schule tauschen die Kinder gerne Karten. ☐

An diesem Tag ist kein schönes Wetter. ☐

An diesem Tag ist sehr schönes Wetter. ☐

Falsche Wörter erkennen

Wissen und Verstehen

Längere Texte musst du sehr genau lesen, um den Inhalt gut zu verstehen. Wenn du auf alles geachtet hast, kannst du auch Fehler im Text finden, zum Beispiel falsche oder fehlende Wörter.

Üben 1

In diesem Text sind fünf Fehler versteckt. Lies genau und streiche alle falschen Wörter durch.

Das Kaninchen gehört zur Familie der Insekten. Es verträgt sich gut mit Kindern und lässt sich gerne streicheln. Seine Ohren sind ganz kurz und es hat ein kurzes Schwänzchen. Es schnuppert immer mit seiner hellgrünen Nase. Kaninchen fressen gern Karotten und Schokolade. Mit ihren langen kräftigen Hinterbeinen können sie schlecht springen.

Üben 2

Auch in diesem Text kannst du fünf Fehler finden. Kreise die falschen Wörter ein.

Der Apfelbaum trägt im Winter sehr beliebte Früchte. Sie sind blau und schmecken gut. In ihrer Mitte findet man kleine braune Herzen. Es gibt viele verschiedene Apfelsorten. Man kann aus ihnen Kuchen und Kartoffelbrei machen. Aus den Kernen können wieder neue Tannenbäumchen wachsen.

Üben 3

Notiere die falschen Wörter und schreibe die richtigen Wörter dazu.

Winter .... ➔ ....

.... ➔ ....

.... ➔ ....

.... ➔ ....

.... ➔ ....

Wissen und Verstehen

Wenn du längere Texte liest, achtest du nicht mehr auf jeden Buchstaben und jedes einzelne Wort. Du kannst einzelne Wörter und auch ganze Wortgruppen auf einen Blick erfassen. Dadurch erweitert sich dein Blickwinkel und du wirst immer schneller.

Üben 1

Lies Zeile für Zeile und achte darauf, ob du schneller wirst.

Die
Die Katze
Die Katze klettert
Die Katze klettert auf
Die Katze klettert auf den Baum
und
versucht, den Vogel zu fangen.

Üben 2

Trenne die einzelnen Wörter mit Strichen ab. Du darfst das Buch auch drehen, wenn du willst. Schreibe die Sätze richtig auf.

kevinundlenatreffensichfastjedenNachmittagaufdemSchulhofsiefahrenInlinerundübenimmerneueTricks

....

....

....

....

....

....

....

....

....

....

Sätze ordnen

Üben 3 In diesem Text sind die Zeilen durcheinandergeraten. Lies alles erst einmal durch, ordne dann die Zeilen. Schreibe die Zahlen 1 bis 5 in die Kästchen.

- Heute wollen Melike und Yasmin ins Schwimmbad gehen.
- Nun kann es endlich losgehen.
- Danach verabschieden sie sich von den Eltern und steigen auf ihre Fahrräder.
- Dann holen sie noch Sonnencreme und Geld für den Eintritt.
- Zuerst packen sie ihre Badesachen ein.

Üben 4 In diesem Text müssen die Sätze zusammengesetzt werden. Verbinde jeweils eine Karte der linken Seite mit einer auf der rechten Seite.

Baderegeln

Sonnencreme, Kappe und Kleidung	solltest du nicht viel essen.
Vermeide unbedingt einen Sonnenbrand,	kannst du den Ausflug ins Schwimmbad genießen.
Direkt vor dem Baden und Schwimmen	schützen dich vor zu viel Sonne.
Du musst dich nach dem Schwimmen	weil deine Haut davon krank werden kann.
Wenn du diese Baderegeln befolgst,	immer wieder eincremen.

Können – Bist du fit?

Kannst du Wörter und Sätze genau lesen?

InunsererKasseKlassetreibenvieleKinderSport.

FastalleJungenspielenspülengerneFußball.

BeidenMädchenistSchwimmendiebeleibtestebeliebtesteSportart.

MancheSportartenSportkartenmögennurganzwenigeKinder.

VolleyballundVölkerballspieleninderSchulealleaItegleichgern.

LeichtathletikwirdvonMädchenundJungengernegebrachtgemacht.

Überlege:

- Habe ich die einzelnen Wörter erkannt?
- Habe ich den Satz genau gelesen?
- Habe ich auf falsche oder überflüssige Wörter geachtet?
- Kann ich den Satz als Ganzes verstehen?

Trenne auf der Trainingskarte in jedem Satz die Wörter durch Striche voneinander ab.
In jedem Satz steckt ein falsches Wort. Streiche es durch.

Schreibe die beiden ähnlichen Wörter aus jedem Satz heraus.
Markiere im richtigen Wort den Unterschied.

richtig	falsch
....	....
....	....
....	....
....	....
....	....
....	....

Lesen: Informationen entnehmen

Schlüsselwörter unterstreichen

Wissen und Verstehen

Wenn du aus einem Text Informationen entnehmen willst, hilft es, wichtige Wörter zu markieren. Das sind die Schlüsselwörter.
Noch mehr Informationen erhältst du, wenn du Fragen an den Text stellst:
Wer? Was? Wie? Wann? Wo? Womit? Warum?

Üben 1

Lies den Text genau und unterstreiche die Schlüsselwörter mit unterschiedlichen Farben. Kreuze in der Tabelle den richtigen Namen an.

Viktor und Murat sind gute Freunde. Sie machen viel zusammen, aber sie sind auch sehr verschieden. Viktor liebt Sport, er spielt gerne Hockey und geht regelmäßig zum Turnen. Murat fährt gern Fahrrad, aber andere Sportarten mag er gar nicht. Er bastelt gern und liest viele Bücher über Forscher und Entdecker. Er interessiert sich auch für Meerestiere, vor allem für Unterwasserlebewesen. Viktor dagegen findet Hasen und Katzen zwar süß, interessiert sich aber mehr für Detektivsendungen und Krimis im Fernsehen.

	Viktor	Murat
Er interessiert sich nicht besonders für Sport.		
Er ist eine Leseratte.		
Er ist körperlich gut trainiert.		
Ihm gefällt es, zu basteln.		

Üben 2

Welchem der beiden Freunde würdest du diese Dinge schenken? Kreuze an.

	Viktor	Murat
Ein Buch über Kraken und Seeigel		
Eine Eintrittskarte für einen Triathlon-Wettkampf		
Das Buch „Kommissar Schnüffelnase weiß Bescheid“		

ben 3 Lies den Text aufmerksam durch.

Fledermäuse sind die einzigen fliegenden Säugetiere. Sie schlafen am Tag und sind nachts unterwegs, um Beute zu fangen. Ihre Beutetiere sind Insekten, kleine Nagetiere und Vögel, aber auch Frösche und Fische. Nur die wenigsten von ihnen ernähren sich von Blut. Sie finden ihren Weg und ihre Beute durch das Echo von sehr hohen Ultraschallgeräuschen, die sie im Flug ausstoßen. Für uns Menschen sind diese Töne nicht hörbar. Zum Ausruhen und Schlafen hängen sie sich mit dem Kopf nach unten und klappen ihre weichen Flügel zusammen.

Lies die Fragen und unterstreiche die passenden Stellen im Text.
Kreuze die richtige Antwort an.

Zu welcher Gruppe gehören Fledermäuse?

Insekten ☐ Säugetiere ☐

Wann schlafen Fledermäuse?

in der Nacht ☐ am Tag ☐

Was fressen Fledermäuse gern?

Mäuse und Käfer ☐ Schnecken und Würmer ☐

Wie viele Fledermausarten ernähren sich von Blut?

viele ☐ wenige ☐

Womit orientieren sich Fledermäuse?

mit Radar ☐ mit Ultraschall ☐

Warum können Menschen die Fledermausgeräusche nicht hören?

Menschen können Ultraschall nicht hören ☐ Fledermäuse machen keine Laute ☐

Wie schlafen die Fledermäuse?

kopfüber ☐ zusammengerollt ☐

Passende Begriffe einsetzen

Wissen und Verstehen

Die Informationen, die du in einem Text findest, helfen dir auch, fehlende Wörter zu ergänzen oder passende Begriffe zu finden. Dabei musst du genau lesen und dir alles gut merken.

Üben 1 Lies den Text genau. Ergänze dann in den Sätzen die fehlenden Wörter.

Papierherstellung aus Altpapier

Fast ein Drittel des Papiers, das wir verwenden, wird aus Altpapier hergestellt. Das gesammelte Altpapier wird in der Papierfabrik zunächst in Pappe und Papier getrennt. Dann wird das Papier klein zerhäckselt und mit Wasser vermischt, bis es ein zäher Brei geworden ist. Aus diesem Brei werden nun noch Heftklammern und andere Fremdkörper entfernt. Danach wird die alte Farbe herausgewaschen, damit das Papier später möglichst hell aussieht. Nun wird der Papierbrei mit viel Wasser verdünnt und auf großen Bahnen zum Trocknen ausgebreitet. Nach dem Trocknen kann man das Papier wieder neu verarbeiten.

In der Fabrik wird das kleingehäckselte Papier zuerst mit .... vermischt. So erhält man einen zähen .... Dann wäscht man die .... heraus und entfernt noch vorhandene .... Der Brei wird nun mit Wasser .... und muss nur noch .... werden.

Farbe | getrocknet | Wasser | Fremdkörper | Brei | verdünnt

ben 2 Lies den Text unten ganz genau durch.
Male dann alles in den richtigen Farben an und ergänze, was noch fehlt.

Patricia will heute zum Training gehen. Sie ist im Turnverein. Sie hat ihre Lieblingssportkleidung angezogen: ihre dunkelrote Sporthose mit den gelben Taschen und einem gelben Streifen unten an jedem Hosenbein, ihr T-Shirt mit dem dunkelblauen Delfin vorne drauf, der so schön zu der hellblauen Farbe des Stoffes passt. Ihre neuen Sportschuhe haben vorn grüne Kappen und die Schuhbänder sind auch grün. Ihre Haare hat sie heute mit roten Bändern zusammengebunden. Um den Hals hat sie noch das schwarze Band mit ihrem Hausschlüssel. Sie hat eine blaue Kappe mit einem gelben Schirm in der Hand. Auf ihrer weißen Sporttasche sind auch blaue Delfine zu sehen, außerdem ein orangefarbener Seestern und gelbe und braune Muscheln. In der Sporttasche hat sie ein dunkelgrünes Handtuch.

Text und Bild vergleichen

Wissen und Verstehen

Ebenso, wie du aus einem Text Informationen entnehmen kannst, kannst du sie auch in Bildern finden. Durch genaues Vergleichen von Text und Bild kannst du Unterschiede oder Fehler entdecken.

Üben 1

In dem folgenden Text sind einige Dinge anders als auf dem Bild. Unterstreiche sie.

Drei Kinder spielen zusammen ein Lernspiel.

Das Mädchen mit den Zöpfen schreibt in ein Heft.

Ein Kind am Tisch schreibt mit der linken Hand.

Das Kind mit der Brille liest in einem Buch.

Zwei Kinder kleben Wortkarten in ihre Hefte.

Einige Kinder haben schon ihr Pausenfrühstück ausgepackt.

Die Lehrerin hilft einigen Kindern bei einer schweren Aufgabe.

Üben 2

Beantworte diese Fragen zu dem Bild.

Ist im Klassenzimmer noch ein Stuhl frei? ....

Spielt das Kind mit der Brille allein? ....

Ist ein Linkshänder in der Klasse? ....

Die richtige Antwort auswählen

ben 3 Lies den Text genau durch.

Im menschlichen Körper befinden sich überall Blutadern, die alle Organe mit frischem Blut versorgen. Wenn man sich stößt, werden kleine Adern direkt unter der Haut verletzt. Blut läuft heraus und sammelt sich an dieser Stelle um das verletzte Blutgefäß herum. Wir können so ein Blutgerinnsel als „blauen Fleck“ sehen.
Wenn man sich am Kopf stößt, entsteht eine Beule, weil die Knochen dicht unter der Haut liegen. Das herausgelaufene Blut hat daher nur sehr wenig Platz, sich auszubreiten. Wenn die Beule gekühlt wird, lässt der Schmerz nach und die Blutgefäße können sich schneller wieder zusammenziehen. Wird bei einem Stoß die Haut verletzt, läuft das Blut aus den Adern heraus und spült dabei den Schmutz weg. So können keine Krankheitserreger in den Körper eindringen.

Welche Antwort ist richtig? Kreuze sie an.

Woraus besteht eigentlich ein blauer Fleck?

- ☐ aus verletzten Muskelfasern
- ☐ aus einer erweiterten Ader
- ☐ aus ausgelaufenem Blut neben einer Ader

Warum kann am Kopf eine Beule entstehen?

- ☐ weil der Knochen anschwillt
- ☐ weil ausgelaufenes Blut dort wenig Platz hat
- ☐ weil die Blutgefäße sich ausdehnen

Was bewirkt etwas Kaltes auf einer Beule?

- ☐ sie wird vor weiteren Verletzungen geschützt
- ☐ sie kann sich nicht entzünden
- ☐ sie tut nicht so weh und wird nicht so groß

Warum blutet man bei einer Verletzung?

- ☐ damit der Schmutz aus der Wunde gespült wird
- ☐ damit die Wunde gewärmt wird
- ☐ damit man auf die Wunde aufmerksam wird

Textabschnitte ordnen

Wissen und Verstehen

Wenn du die Teile eines Textes ordnen willst, solltest du besonders auf die Satzanfänge achten. An ihnen erkennst du, ob der Satz am Anfang, in der Mitte oder am Schluss des Textes steht.

Üben 1

In diesem Text sind die einzelnen Abschnitte durcheinandergeraten. Nummeriere in der richtigen Reihenfolge.

☐ Zuerst legt die Libelle ihre Eier an einen Stängel oder eine Blattunterseite an einem Teich oder Bach. Aus den Eiern schlüpfen die Larven und kriechen sofort ins Wasser.

☐ Am Schluss trocknet sie in der Sonne und erhält dadurch ihre kräftige Farbe. Wenn sie getrocknet ist, breitet sie ihre zwei Paar durchsichtigen Flügel auseinander und fliegt davon.

☐ Sobald die Larven ihre volle Größe erreicht haben, kriechen sie an Pflanzenteilen aus dem Wasser heraus. Sie klammern sich an der Pflanze fest.

☐ Danach schlüpft die fertige Libelle in den frühen Morgenstunden. Sie beißt ein Loch in die Larvenhülle und zwängt sich langsam heraus. Vorsichtig schiebt sie ihren langen Hinterleib auseinander.

☐ Nun verbringen die Larven lange Zeit im Wasser. Sie fressen Kaulquappen und Insekten. Sie wachsen schnell und verwandeln sich in der Larvenhülle zur fertigen Libelle.

Üben 2

Schreibe die Ziffern der Textabschnitte zu den passenden Bildern.

Kannst du Informationen aus einem Text entnehmen und verstehen?

Aliki und Selina gehen zum Sport

Aliki und Selina sind gute Freundinnen. Sie wohnen im selben Haus und jeden Dienstag gehen sie beide zum Sport. Aliki nimmt natürlich ihren Hockeyschläger mit. Selina braucht auch einen Schläger zum Tennisspielen, aber der sieht ganz anders aus. Auch ihr Tennisball hat eine andere Größe und ein anderes Gewicht als der Hockeyball, den Aliki braucht. Beim Hockeyspielen sind auch Schienbeinschützer notwendig. Die braucht Selina nicht, aber sie benutzt regelmäßig Schweißbänder und ein Stirnband. Außerdem brauchen beide Mädchen noch gute Sportschuhe.

Überlege:

- Habe ich aufmerksam und genau gelesen?
- Habe ich die Schlüsselwörter erkannt und unterstrichen?
- Habe ich mir Einzelheiten gemerkt?

Unterstreiche auf der Trainingskarte alles, was Aliki für ihren Sport braucht, grün und alles, was Selina mitnehmen muss, gelb.

Was bekommt zwei Farben?

....

Gehst du auch zum Sport? Was nimmst du mit?

....

....

Fragen beantworten

Wissen und Verstehen

Wenn du einen Text verstehen willst, musst du beim Lesen gut mitdenken und dir viele Einzelheiten merken. Wenn du Schlüsselwörter unterstreichst und Stichwörter herausschreibst, kannst du Fragen zum Text gut beantworten.

Üben

1 Lies dir den Text genau durch. Markiere wichtige Wörter und beantworte danach die Fragen.

Eine Spinne hat an ihrem Hinterleib Drüsen, in denen sie die Flüssigkeit für ihre Fäden produziert. Bei Berührung mit Luft werden sie sofort fest. Spinnenfäden sind fester als ein Stahldraht von derselben Dicke. Für ein großes Netz produziert die Spinne bis zu 30 Meter hauchdünne Seidenfäden. Dabei verwendet sie zwei verschiedene Fäden. Die Mitte des Netzes und alle Verbindungsfäden von der Mitte nach außen stellt sie aus trockenen Fäden her. Die klebrigen Fäden benutzt sie nur für die kleinen Felder dazwischen. So kann sie auf ihrem Netz herumlaufen, ohne selbst daran kleben zu bleiben.

Wie lange dauert es, bis die Fäden der Spinne fest werden?

- ☐ Sie werden nach einigen Minuten fest.
- ☐ Sie kommen schon als fester Faden aus dem Körper der Spinne.
- ☐ Sie werden bei Berührung mit Luft fest.

Wie stabil sind die Spinnenfäden?

- ☐ so fest wie ein Baumwollfaden
- ☐ so fest wie ein Stahldraht
- ☐ so fest wie ein menschliches Haar

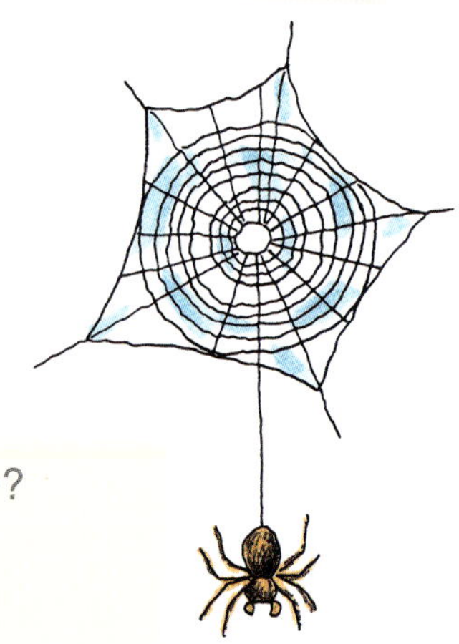

Warum bleibt die Spinne nicht an ihrem Netz kleben?

- ☐ weil die Fäden verschiedene Farben haben
- ☐ weil sie genau weiß, wo es klebrig ist und wo nicht
- ☐ weil sie dafür zu leicht ist

Stichwörter herausschreiben

ben 2 Lies den Text.

Die Klasse 3a macht heute einen Ausflug. Sie sind schon 10 Minuten unterwegs, als Stefan plötzlich ruft: „Oh nein, ich habe ja meinen Rucksack im Klassenzimmer vergessen!“ Die Lehrerin kommt zu Stefan. „Das ist doch hoffentlich nicht dein Ernst“, sagt sie mit ärgerlichem Gesicht. „Leider doch, es tut mir wirklich leid“, antwortet Stefan kleinlaut. „Und was stellst du dir jetzt vor, wie es weitergeht?“, fragt die Lehrerin. Stefan guckt auf den Boden und zuckt mit den Schultern.
Da meldet sich Pedro. „Ich kann superschnell rennen! Ich könnte zurücklaufen und Stefans Rucksack holen!“ Stefan lächelt Pedro ungläubig an und die Lehrerin sagt: „Das wäre sehr nett von dir! Lass dir von Frau Herrmann das Klassenzimmer aufschließen. Wir warten hier auf dich!“
Aber das hört Pedro nicht mehr, er ist schon losgerannt.

Beantworte die Fragen. Schreibe Stichwörter auf.

Was hat Stefan vergessen? ....

Wie lange ist die Klasse schon unterwegs? ....

Wer hilft? ....

Wohin rennt Pedro? ....

Warum rennt Pedro zurück? ....

ben 3 Was bedeuten diese Wörter aus der Geschichte oben? Kreuze an.

kleinlaut
- ☐ winzig
- ☐ leise
- ☐ verlegen

ungläubig
- ☐ man kann es fast nicht glauben
- ☐ man weiß es besser
- ☐ man will erst noch mal fragen

Eine eigene Meinung bilden

Wissen und Verstehen

Um einen Text richtig zu verstehen, musst du dir beim Lesen alles gut vorstellen. Du kannst dir überlegen, wie die Person im Text sich fühlt oder warum sie etwas gesagt oder getan hat. Überlege auch, wie du das selbst findest, und bilde dir eine eigene Meinung.

Üben 1

Lies den Text.

Sophia und Simon sitzen in der Schule nebeneinander.
Sie unterhalten sich über ihre Lehrerin.
„Ich glaube, Frau Berger mag mich nicht“, sagt Simon.
„Warum glaubst du, dass sie dich nicht mag?“, fragt Sophia. „Das ist doch Quatsch! Sie mag uns alle gleich gern.“
„Weil sie mich fast nie drannimmt, darum glaube ich das. Immer muss ich viel länger warten als die anderen, bis ich mal was sagen kann“, antwortet Simon.
Sophia sagt: „Das stimmt nicht. Du musst nicht länger warten als die anderen. Das bildest du dir nur ein. Schließlich sind wir 28 Kinder in der Klasse, da müssen alle lange warten, bis sie drankommen.“
Simon meint: „Natürlich, da hast du recht. Aber Ali und Nazife nimmt sie viel öfter dran als die anderen, das musst du zugeben.“
„Das stimmt“, antwortet Sophia. „Aber die beiden sind noch nicht lange in Deutschland und brauchen viel mehr Hilfe als du und ich.“

Überlege, wie sich Simon fühlt. Kreuze passende Wörter an.

traurig	☐	ärgerlich	☐
froh	☐	stolz	☐
wütend	☐	gelangweilt	☐

Üben 2

Wie findet Simon das Verhalten seiner Lehrerin? Kreise das treffende Adjektiv ein.

freundlich   böse   ungerecht   höflich

Die eigene Meinung begründen

ben 3 Sophia glaubt, dass es richtig ist, wenn die Lehrerin Ali und Nazife öfter aufruft als die anderen Kinder. Warum tut die Lehrerin das nach Sophias Meinung?

- ☐ Weil sie Ali und Nazife am liebsten hat.
- ☐ Weil Ali und Nazife mehr Hilfe brauchen als die anderen.
- ☐ Weil sie Ali und Nazife zeigen will, dass sie noch viel lernen müssen.

ben 4 Warum verhält sich die Lehrerin so? Kreuze in jeder Spalte an, was deiner Meinung nach zutrifft.

Die Lehrerin will Ali und Nazife …	stimmt	stimmt vielleicht	stimmt nicht
… zeigen, dass sie sie gern hat.			
… beweisen, dass sie zu wenig können.			
… helfen, Freunde zu finden.			
… bei den Aufgaben helfen.			
… zum Sprechen ermuntern.			
… lächerlich machen.			

ben 5 Hier stehen einige Meinungen zum Verhalten der Lehrerin. Ist deine Meinung dabei? Dann kreuze sie an.

- ☐ Die Lehrerin macht es gut, weil Ali und Nazife viel sprechen müssen.
- ☐ Die Lehrerin macht es nicht gut, weil Ali und Nazife dadurch Angst bekommen.
- ☐ Die Lehrerin macht es gut, weil sie Ali und Nazife zeigt, dass sie ihnen helfen will.
- ☐ Die Lehrerin sollte Ali und Nazife ganz in Ruhe lassen, bis sie sich selbst melden.

Verhalten verstehen

Üben 6 Wie kam es zu dem Streit? Lies die Erklärungen der beiden Jungen genau durch.

Nach der Pause herrscht große Aufregung im Klassenzimmer. David und Marius sind wütend. „Was ist denn passiert?“, fragt der Lehrer.

David: „Wir wollten in der Pause endlich mal allein Fußball spielen. Marius rennt uns immer nach! Immer muss er sich aufdrängen! Alle waren sich einig, dass er nicht mitspielen soll. Dann hab ich’s ihm einfach nur gesagt, ich hab überhaupt nichts gemacht und er hat ohne Grund angefangen, zu schlagen.“

Marius: „Alle wollten in der Pause Fußball spielen. Da darf schließlich jeder mitspielen. Keiner hat das Recht, andere auszuschließen! David hat mir gar nichts zu befehlen! Ich hab überhaupt nichts gemacht und plötzlich kommt er und will mich wegjagen. Er hat angefangen, ich hab mich nur verteidigt.“

Was stimmt? Kreuze an. Es gibt mehrere Möglichkeiten.

- [ ] David kann Marius nicht leiden.
- [ ] Er will entscheiden können, mit wem er spielt und mit wem nicht.
- [ ] Er findet Marius’ Art, immer dazuzukommen, einfach nur unangenehm.
- [ ] Er will der Chef sein.

- [ ] Marius will, dass alle zusammen spielen.
- [ ] Er will David zeigen, dass der nichts zu bestimmen hat.
- [ ] Er will David bei der Lehrerin anschwärzen.
- [ ] Er bewundert David und will unbedingt mit ihm zusammen sein.

Streit schlichten

Extrarunde

Wie könnte der Streit geschlichtet werden? Schreibe deinen Vorschlag auf.

Können Bist du fit?

Kannst du einen Text verstehen?

Jakob

Jakob springt fröhlich in der Wohnung herum. Gerade ist seine Oma angekommen und die liebt er sehr. Er besucht sie auch gerne. Am meisten mag er es, wenn er den alten Hund Dobbie ausführen darf. Dann spaziert er ganz stolz mit ihm durch die Gegend.

„Oma, ich gehe jetzt jede Woche zum Turnen, das macht mir total viel Spaß!", erzählt er fröhlich. Oma fragt: „Ich dachte, alle Jungen spielen Fußball?"

Nein", ruft Jakob, „nicht alle! Ich kann Fußball nicht leiden."

„Und was gefällt dir noch außer Turnen?", will die Oma wissen.

„Inliner fahren", erklärt Jakob. „Aber dann finde ich doof, dass ich noch nicht viele Tricks kann. Und die großen Kinder auf dem Schulhof machen sich dann immer über mich lustig. Das ärgert mich!"

„Sind die Großen denn die ganze Zeit unfreundlich zu dir? Willst du lieber woanders Inliner fahren?", fragt Oma. „Nein, oft sind sie auch sehr nett! Manchmal loben sie mich, wenn ich etwas gut gemacht habe. Dann freue ich mich und bin auch ein bisschen stolz." „Das kannst du auch ruhig sein", lacht Oma und streicht ihm über den Kopf.

Überlege:

- Habe ich Schlüsselwörter unterstrichen?
- Habe ich mir Einzelheiten gemerkt?
- Kann ich mir alles gut vorstellen?
- Habe ich eine eigene Meinung zu dem Text?

Unterstreiche auf der Trainingskarte alle Stellen, an denen du erfährst, wie Jakob sich fühlt.

Wie fühlst du dich jetzt gerade? Beschreibe.

....

Abschlusstest

Lies zuerst den Arbeitstext. Bearbeite dann jede Testaufgabe.
Kontrolliere deine Ergebnisse im Lösungsheft.
Male zu jeder Aufgabe nach der Kontrolle die Ampel so an:

 Hier ist alles richtig.

 Ich habe noch einige Fehler gemacht.

 Das übe ich noch einmal.

Verkehrserziehung
Morgen fährt die Klasse 3b auf den Verkehrsübungsplatz. Deshalb haben die Kinder heute schon ihre Fahrräder in die Schule mitgebracht. Gründlich überprüfen sie die Bremsseile. Um bei Gefahr rechtzeitig anhalten zu können, dürfen die Seile nicht locker sein. Gibt es bei allen Rädern eine Klingel, Speichenstrahler, Katzenaugen? Funktioniert die Beleuchtung? Bei Dunkelheit kann es sonst gefährlich werden. In den letzten Tagen haben die Kinder geübt, wie man richtig Handzeichen gibt und welche Verkehrszeichen für Fahrradfahrer wichtig sind. Jedes Kind braucht einen Helm. Aber nicht nur jedes Kind. Auch die Lehrerin trägt beim Radausflug einen Helm. „Sicherheit geht vor Schönheit!", lacht die Polizistin.

Aufgabe 1 Beantworte die Fragen. Kreuze an.

Warum haben die Kinder heute ihre Fahrräder mit in die Schule gebracht?

☐ Sie wollen morgen einen Ausflug machen.

☐ Sie wollen morgen auf den Verkehrsübungsplatz fahren.

☐ Sie wollen morgen ihre Fahrräder reparieren.

Was muss an einem Fahrrad alles überprüft werden, damit es sicher ist?

....

....

Was haben die Kinder bisher schon geübt?

- ☐ wichtige Verkehrszeichen kennen
- ☐ Reifen flicken
- ☐ Helm aufsetzen
- ☐ Handzeichen geben

Was findet die Polizistin wichtiger?

☐ Sicherheit ☐ Schönheit

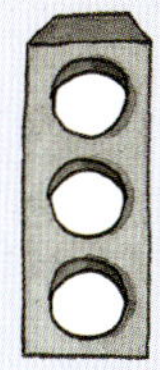

siehe Seite 100

Aufgabe 2 Bilde mit den Wortbausteinen **ung**, **heit** und **keit** Nomen. Schreibe sie auf.

erziehen .... dunkel ....

sicher .... beleuchten ....

heiter .... flüssig ....

schön .... überprüfen ....

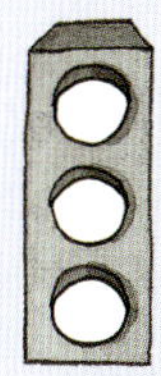

siehe Seite 10

Aufgabe 3 Verbinde die Nomen mit dem verwandten Adjektiv. Kreise die nachgestellten Wortbausteine **ig**, **lich** und **isch** ein.

die Stunde	täglich
die Gefahr	durstig
der Kampf	stündlich
der Tag	gefährlich
der Durst	kämpferisch

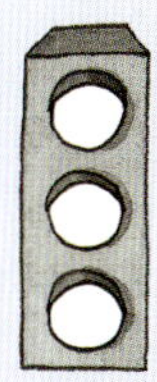

siehe Seite 20

Aufgabe 4 Verbinde die Satzteile richtig miteinander.

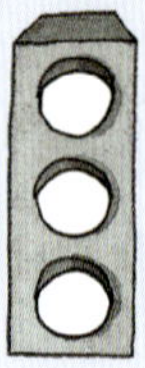

Ein gut passender Helm	damit du rechtzeitig halten kannst.
Bei Dunkelheit brauchst du	muss jeder kennen.
Die Bremsseile müssen straff sein,	schützt dich bei einem Unfall.
Die wichtigsten Verkehrszeichen	fährst du gut und sicher.
Wenn der Sattel die richtige Höhe hat,	eine funktionierende Beleuchtung.

➲ siehe Seite 90

Aufgabe 5 Ergänze die Tabelle.

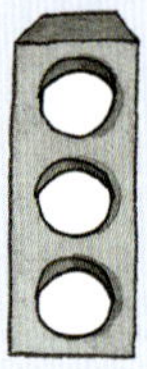

Grundform	Gegenwart	Vergangenheit
	ich	ich bremste
	sie trägt	
	du übst	du
fahren	er	er

➲ siehe Seite 23

Aufgabe 6 Welche Verlängerungsprobe wendest du bei Nomen, Adjektiven oder Verben an? Benenne sie und schreibe die entsprechende Form dahinter.

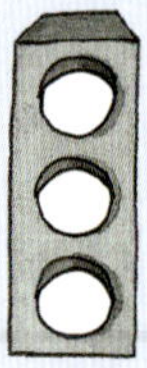

das Kind ....

sie trägt ....

lieb ....

➲ siehe Seite 38, 39

Aufgabe 7 Markiere den Wortstamm und ergänze die Grundform des Verbs.

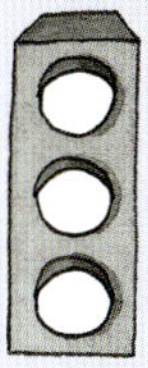

sie trägt	wir tragen	sie trugen	
er hält	ihr haltet	sie hielt	
es fährt	wir fuhren	ich fahre	

siehe Seite 25

Aufgabe 8 Bestimme die Satzglieder Subjekt, Prädikat und Satzergänzung. Unterstreiche sie unterschiedlich.

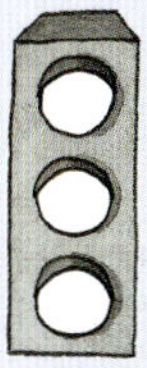

Die Beleuchtung funktioniert.

Die Kinder überprüfen die Bremsseile.

Trägt der Junge einen Fahrradhelm?

siehe Seite 30 – 32

Aufgabe 9 Trenne die Wörter ab. Schreibe die Sätze richtig auf. Denke an die richtige Schreibweise.

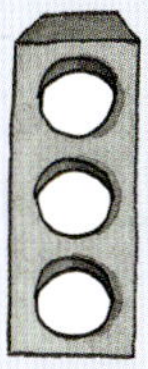

DIEKINDERPRÜFENDIEKLINGELUNDDIEBELEUCHTUNG.

....

....

DIELEHRERINUNDDIEPOLIZISTINHELFENIHNENDABEI.

....

....

AUCHDIELEHRERINTRÄGTEINENHELM.

....

....

siehe Seite 89, 91

Abschlusstest

Aufgabe 10 Schreibe mit Satzzeichen auf.

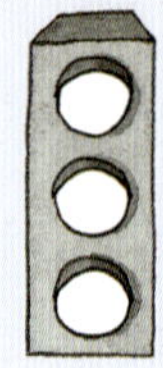

Fahrrad | braucht | sicheres | gute | ein | Bremsen

....

Beleuchtung | werden | muss | die | geprüft | regelmäßig

....

....

siehe Seite 28

Aufgabe 11 Setze die richtigen Wörter in die Lücken ein.

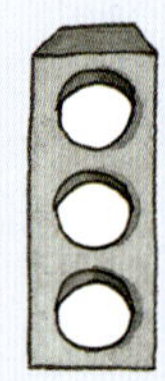

Vor dem Besuch auf dem Verkehrsübungsplatz müssen die Kinder ihre Fahrräder genau ....

Sie achten besonders darauf, ob die Beleuchtung ....

Sonst kann es vor allem bei Dunkelheit .... werden.

Die Kinder müssen aber auch die wichtigen .... kennen und natürlich einen .... tragen.

Helm | funktioniert | gefährlich | überprüfen | Verkehrszeichen

siehe Seite 94

Aufgabe 12 Welches Wort passt nicht in die Gruppe?
Streiche es durch.

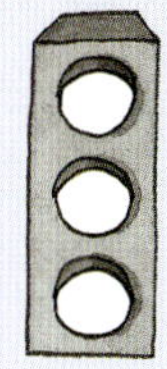

üben einüben trainieren trödeln wiederholen
sich einprägen büffeln

gründlich genau sorgfältig heimlich gewissenhaft
ordentlich pingelig haargenau

der Unfall das Missgeschick das Unglück
der Zufall die Panne die Katastrophe

gefährlich bedrohlich riskant abenteuerlich
gewagt geheim unsicher bedenklich

➲ siehe Seite 67

Aufgabe 13 In jedem Satz sind zwei Wörter falsch geschrieben. Sie sind durchgestrichen. Schreibe sie richtig in die Zeile darunter. Begründe deine Berichtigung.

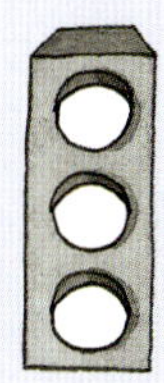

Bei ~~dunkelheit~~ ist eine nicht funktionierende

....

Beleuchtung ~~gefehrlich~~.

....

Die ~~Lehrerinen~~ tragen beim

....

~~Ratausflug~~ einen Helm.

....

➲ siehe Seite 34, 35, 38, 50

Fachbegriffe

Selbstlaut	Vokal	a, e, i, o, u
Mitlaut	Konsonant	b, c, d, f ...
Umlaut		ä, ö, ü
Doppellaut		ei, ai, au, äu, eu

Namenwort	Nomen, Substantiv	Übung
Begleiter	Artikel	die, eine
Einzahl	Singular	die Übung
Mehrzahl	Plural	die Übungen
Fürwort	Pronomen	sie, ihr
Tuwort, Tunwort	Verb	
Grundform		turnen
Personalform		ich turne, du turnst ...
Gegenwart		er turnt
Vergangenheit		er turnte, er hat geturnt
Zukunft		er wird turnen
Wiewort	Adjektiv	schwierig
Verhältniswort		auf, an, in ...
Bindewort		und, oder, obwohl ...

Satzgegenstand	Subjekt	Der Sportler
Satzkern	Prädikat	macht
Satzergänzung		die Übung